LA LIBERTÉ

POUR LES PAUVRES

ET

POUR DIEU

PERSONNAGES :

UN HOMME D'ÉTAT,

UN HOMME DU PEUPLE,

UNE PAUVRE FEMME DE LA CAMPAGNE.

La scène se passe à l'ombre des principes de 89, dans les bureaux de l'Empire.

LA LIBERTÉ
POUR LES PAUVRES

ET

POUR DIEU

DEMANDE D'INTERPELLATION

PAR UN DÉPUTÉ INCONNU

« Le Christ n'est pas connu. »
NAPOLÉON III.

PARIS

CH. DOUNIOL, LIBRAIRE-ÉDITEUR

RUE DE TOURNON

1867

LA LIBERTÉ

POUR LES PAUVRES ET POUR DIEU

L'HOMME D'ÉTAT (*dans son fauteuil,* entre un petit journal et le *Moniteur de l'Empire français*). — Ma sœur vous recommande à notre bon accueil. Asseyez-vous donc, jeune homme.

Pauvre Madeleine ! une bonne âme, qui a eu... l'idée de quitter le monde pour se faire *pauvresse de Jésus,* comme elle s'appelle. (*Avec un soupir.*) Enfin!... chacun prend son plaisir où il le trouve...

A propos, vous venez de l'Abbaye de Fontevrault : les statues sont rentrées dans leurs niches?...

L'HOMME DU PEUPLE. — L'Abbaye, Monsieur, est aujourd'hui une maison de détention pour les deux sexes.

L'HOMME D'ÉTAT. — Ah !... c'est donc ça que les Anglais en veulent retirer leurs princes...

L'HOMME DU PEUPLE. — Beaucoup de bruit pour rien !

L'HOMME D'ÉTAT (*à part*). — Ce garçon a bon air : ce n'est pourtant pas un homme de la société... (*Haut.*) Qu'y a-t-il pour votre service ?

L'HOMME DU PEUPLE (*très-simplement*). — Monsieur, je suis un ouvrier de bonne volonté, et je viens, au nom du pauvre peuple qui a voté l'Empire, et de Dieu qui l'a permis, demander la part de Dieu et des pauvres : la liberté.

L'HOMME D'ÉTAT. (*A part.*) — Oh ! oh !

L'HOMME DU PEUPLE. — Je voudrais avoir la liberté de fonder un journal.

L'HOMME D'ÉTAT. — Elle vous est désormais acquise de plein droit. Ne lisez-vous pas les journaux? (*Balançant d'un geste me-*

suré l'un de ses deux organes enroulé en trompette.) La pensée humaine, esclave sous l'Ancien Régime, était restée asservie même depuis la Révolution. De 1789 à 1800, et, j'oserai dire, jusqu'à 1867, les Constitutions promettent à la pensée toutes les libertés : les Lois spéciales donnent aux Constitutions tous les démentis ; et, comme si la pratique voulait se jouer de la théorie, le démenti s'accuse toujours dans la proportion de la promesse...

Nous avons changé tout cela :

Major mihi rerum nascitur ordo !...

Fonder l'autorité, affranchir l'initiative individuelle, c'est la double mission de la politique impériale, deux œuvres qui illustreront à jamais le règne assez fort pour les accomplir.....

Fier du passé, confiant dans l'avenir, le prince ouvre à l'activité de tous le plus large champ d'expansion.....

L'édifice fondé par l'Empereur avec le peuple, reçoit du Souverain son couronnement !... Grâce au génie qui la féconde, notre France, dans le nid de l'égalité, voit éclore l'œuf de la liberté (1) !

L'HOMME DU PEUPLE. — Dieu soit béni ! et votre empereur !

L'HOMME D'ÉTAT. — Êtes-vous étranger ?

L'HOMME DU PEUPLE. — Ici, oui, Monsieur, et je viens de loin.

L'HOMME D'ÉTAT. — Pour fonder un journal... Vous avez les fonds ?

L'HOMME DU PEUPLE. — Quels fonds ?

L'HOMME D'ÉTAT. — Comment ! quels fonds ?... D'où venez-vous ? Croyez-vous qu'on écrive comme on parle ? Et le papier, et l'impression, et le tirage, et le pliage, et la distribution, *et cætera* !...

L'HOMME DU PEUPLE. — J'appellerai à mon aide quelques hommes de peine, des plieuses, des ouvriers d'imprimerie ; je trouverai même un papetier, un imprimeur de bonne volonté. La coopération est à la mode : en nous entr'aidant, nous arriverons, sans grand'peine, à servir au peuple notre pain quotidien, sous la forme d'un petit *tract*.

L'HOMME D'ÉTAT (*s'efforçant de prononcer l'anglais en bon français. — Tract, cooperation...* Viendriez-vous d'Angleterre, de Rochdale, pour nous alimenter d'un bout de papier substantiel ?

(1) Acte du 19 janvier ; *Exposé des motifs ;* extraits du *Moniteur* et de la *France.*

Peuh !... Dans notre belle France, *dear sir,* on tient à la quantité ;
on vit à cheval sur un monde de petites nouvelles nombreuses et
de cancans innombrables, de ci, de ça, au galop, à l'infini ! On veut
trouver son opinion toute faite sur toutes choses et à propos de
toutes choses : *de omni re scibili,*... vous savez : c'est notre dada.
Hors de quoi, vous n'aurez pas d'abonnés.

L'HOMME DU PEUPLE. — Peut-être.

L'HOMME D'ÉTAT (*avec une condescendance légèrement railleuse*).
— Nous avons donc, nous aussi, à dire au monde, en feuilletons,
notre petit mot ?... Sur quoi ? sans indiscrétion...

L'HOMME DU PEUPLE. — La justice éternelle.

L'HOMME D'ÉTAT. — Rien que ça!... (*A part.*) Mâtin ! un ori-
ginal!... (*Haut*) Mais à propos de quoi et sur quel piédestal ferez-
vous poser votre justice éternelle?

L'HOMME DU PEUPLE. — Dieu et l'humanité, l'ordre social
divin.

L'HOMME D'ÉTAT. — Ah ! ah ! Religion et politique. (*Allongeant
la main vers un registre.*) Alors, nous tombons sous le coup de la
loi. Vous avez votre cautionnement?

L'HOMME DU PEUPLE. -- Quel cautionnement?

L'HOMME D'ÉTAT. — Comme par le passé : cinquante mille
francs !

L'HOMME DU PEUPLE. — Cinquante mille francs !... Je croyais le
peuple français affranchi.....

L'HOMME D'ÉTAT. — D'où venez-vous?... Nous avions d'abord
eu l'idée de l'élever à quatre-vingt mille : c'eût été un gage plus
sérieux, une mesure normale..... (1).
Mais l'Opposition a tant criaillé, que nous nous en tiendrons à
notre base, cinquante mille.

L'HOMME DU PEUPLE. — L'une ou l'autre somme est également
hors de la portée du pauvre peuple. Où voulez-vous, Monsieur,
que je trouve tant d'argent?

L'HOMME D'ÉTAT. — C'est affaire à votre liberté. L'argent? ça
se trouve... partout; dans notre patrimoine,... le concours de nos
adhérents.

L'HOMME DU PEUPLE. — Je n'ai rien, je ne suis rien.

L'HOMME D'ÉTAT (*à part*). — Misère et compagnie ! Peuh !

(1) *Exposé des motifs.*

L'homme du peuple. — Je me ferai des amis dans toutes les classes ; mais les riches viendront les derniers.

L'homme d'état. — Et vous voulez parler à votre aise et fantaisie ? parler religion ?... politique !...

L'homme du peuple. — Je viens en France, précisément parce qu'il est bruit de libertés rendues, pour en jouir.

L'homme d'état. — Jouissez, Monsieur ; le champ de la liberté française est vaste, indéfini. Tout vous est grand ouvert ; tout ! excepté la politique et la religion.

L'homme du peuple. — Mais la religion et la politique, c'est tout.

L'homme d'état. — Comment ! tout ?... et l'industrie ? et la science ? et l'art ?

L'homme du peuple. — L'art, la science et l'industrie devant être mis au service de Dieu et du prochain, comment concevez-vous que je puisse en traiter, sans m'occuper de leurs rapports avec la religion et la politique !

L'homme d'état (*à part.*) — Un idéologue ! Peste !...

L'homme du peuple (*toujours simplement*). — Dieu est un l'homme, pour être à l'image et ressemblance de l'Éternel, doit vivre de son principe d'unité. Interdire à l'écrivain le champ de la politique et de la religion, c'est lui couper les bras et la tête.

L'homme d'état (*un peu étonné, à part*). — C'est donc un Député qu'on m'envoie de Fontevrault ? (*Haut*). Je serais enchanté de causer, partout ailleurs, avec un docteur de votre force ; mais, ici, dans les bureaux, nous n'avons pas à disserter sur les causes premières et finales.

L'homme du peuple. — Finalement, Monsieur, nous n'avons pas la liberté de la presse.

L'homme d'état. — La liberté de la presse !... D'abord, la presse, généralement parlant, entre nous soit dit, c'est une peste... Aussi, la loi nouvelle l'affranchit et l'honore comme une force utile,... pourvu qu'elle ne soit pas nuisible (1).

Quant à la liberté en elle-même (*la main sur le* Moniteur, *avec fierté*), fille du ciel, la voici venir à nos fronts ! La voici qui s'adapte à notre juste mesure, la couronne promise ! Nous avons la liberté française : nous n'avons pas, nous n'aurons jamais l'ab-

(1) Voir l'*Exposé des motifs*.

solu, l'infini, Dieu merci ! On ne gouverne pas les hommes avec ça !...

L'HOMME DU PEUPLE. — Alors, à quoi bon la fameuse déclaration des Droits de l'homme en faveur du peuple français ?

L'HOMME D'ÉTAT (*vivement*). — La nation française n'a jamais entendu qu'aucun homme aurait le droit de la miner dans son principe et la faire sauter dans sa tête. Et la preuve, c'est que tous les régimes qui se sont succédé, depuis la Convention jusqu'au second Empire, tous, sans exception, ont maintenu les droits de l'État... L'ordre ne se concilie avec la liberté qu'autant qu'il est inattaquable (1) !

L'HOMME DU PEUPLE. — L'ordre absolu, peut-être : mais vous n'en voulez pas, de l'absolu ! Comment donc prétendez-vous abriter contre la critique ce que vous même déclarez être relatif, c'est-à-dire imparfait, conséquemment perfectible, et nécessairement muable ? De quel droit ?

L'HOMME D'ÉTAT. — De quel droit ? Du droit qu'avait le général Cavaignac, lorsqu'il proclamait solennellement, au nom de la nouvelle République, cet axiome : « Aucun gouvernement ne peut tolérer qu'on attaque son principe ? »

A cette condition est subordonnée la liberté française, comme l'entendaient nos pères de 89. Lisez la *Déclaration des Droits,* et vous y verrez, certes, tous les droits de l'homme proclamés, garantis, mais (comme de droit) sous la réserve, nettement accusée, des garanties que la loi et les règlements de police ont le droit d'exiger de tout citoyen... à bon droit suspect.

Ah ! si le peuple français était un adolescent docile à la voix de Mentor !... Mais où sont les partis sagement inspirés qui mettent au-dessus de leurs disputes la couronne et la dynastie ?

L'HOMME DU PEUPLE. — Et Dieu.

L'HOMME D'ÉTAT. — Ah ! Dieu ? oui... et Dieu !

Donc, le législateur et le commissaire de police n'autoriseront jamais l'exercice du droit de libre imprimerie, que là où n'est point en jeu la politique... et pas davantage la religion, pour faire plaisir à Messieurs nos évêques : à moins qu'un bon cautionnement ne nous garantisse que nous avons affaire à des gens hono-

(1) *Exposé des motifs.*

rables;... j'entends des hommes d'ordre, intéressés à la conservation de l'État social.

L'HOMME DU PEUPLE. — D'où suit, Monsieur, autant que ma simple raison peut saisir, que les riches ont seuls, avec leurs clients, la liberté d'exprimer leur pensée.

L'HOMME D'ÉTAT. — Du tout, du tout! Parlez, écrivez... par la poste; mais imprimer, c'est une autre question!

L'HOMME DU PEUPLE. — La presse, pourtant, Monsieur, qu'est-ce autre chose que la parole prolongée, l'écriture répandue? Dieu n'a pas voulu l'invention de ce merveilleux organe de propagation pour que la parole humaine, plus puissante, fût mieux coupée, et la pensée, plus libre, mieux étouffée.

L'HOMME D'ÉTAT. — On abuse des meilleures choses.

L'HOMME DU PEUPLE. — Est-ce une raison pour en supprimer l'usage?

L'HOMME D'ÉTAT. — Mais nous ne supprimons rien; au contraire : c'est l'État qui se dépouille de son droit de tutelle. L'initiative individuelle est affranchie!...

L'HOMME DU PEUPLE. — Sous caution, moyennant finances!

L'HOMME D'ÉTAT. — Nous prenons nos garanties.

L'HOMME DU PEUPLE. — Dans le silence imposé de force et absolument à l'immense majorité des hommes et des citoyens?...

Au petit nombre de vos élus, le monopole!...

L'HOMME D'ÉTAT, (*recourant vivement au* Moniteur). — Monopole!... Vous n'avez donc pas lu l'exposé des motifs? (*Lisant.*)

« Les monopoles écrasants sont un péril dans la sphère de la pensée comme dans celle de l'industrie. Si le monopole industriel peut confisquer ou altérer le produit, le monopole du journalisme peut dissimuler ou fausser l'opinion. Dans les deux cas, le remède naîtra d'une libre concurrence. »

Est-ce prévu, hein? et tiré de haut, du principe même de la science : *Laissez faire, laissez passer!*

L'HOMME DU PEUPLE. — Vous laissez passer les prêtres du Veau d'or : Mais moi, qui ne porte pas la marque de la Bête, avec quoi ferai-je concurrence?

L'HOMME D'ÉTAT. — Oh! la loi ne retient à qui manque de caution que la main; il vous reste la langue, et bien pendue, ce me semble.

L'HOMME DU PEUPLE. — Pas même : votre loi est sur mes lèvres.

Ayant de moins que le riche la liberté d'écrire et publier ma parole, je n'ai pas plus que lui la liberté de réunir mes frères pour leur parler de Dieu et de la cité de Dieu.

L'HOMME D'ÉTAT. — Si bien : à la condition qu'il ne soit question ni de religion, ni de politique, à moins pourtant que ce soit à la veille des élections générales.

L'HOMME DU PEUPLE. — Nous avons donc, toutes les années bissextiles et durant vingt jours, la liberté de nous entretenir de Dieu et de l'humanité !...

L'HOMME D'ÉTAT. — Comme il vous plaira !... sous la surveillance de la police !

L'HOMME DU PEUPLE. — Je doute que Dieu et les pauvres se contentent de cette couronne là. Quel recours nous reste-t-il, Monsieur, je vous prie ?

L'HOMME D'ÉTAT. — Faites votre pétition au Sénat conservateur ;... (*Souriant.*) ou bien, une demande d'interpellation au Corps législatif... En attendant qu'on passe dessus, à l'ordre du jour, nous avons, nous, à faire respecter la loi strictement, la loi égale pour tous, conformément aux grands principes de 89.

L'HOMME DU PEUPLE. — Ah ! c'est là ce que vous appelez l'égalité ?

L'HOMME D'ÉTAT. — Sans doute.

L'HOMME DU PEUPLE. — Vous croyez donc avoir, en France, réalisé l'égalité ?

L'HOMME D'ÉTAT. — Incontestablement... Tenez, jeune homme, voici un témoignage qui n'est pas suspect, celui de Yo et de son patron, un *Tsin-sée* ou lettré de la première volée : Prévost-Paradol ; vous devez connaître ce nom revêtu d'une gloire précoce. C'est un assez libre penseur, de l'étoffe de M. Thiers, « mal vu de l'autorité, » et à bon droit : des yeux d'Argus pour surveiller le gouvernement, une plume de paon pour le stigmatiser. Si donc nous n'avions pas l'égalité, il le crierait sur les toits ; car « dès qu'il a trouvé une bonne vérité à nous dire, il ne sait pas retenir sa langue. » Eh bien ! voyez, si vous avez des yeux pour voir ; lisez-vous même. (*Lui passant le livre, à part.*) J'en ai vu qui parlent et veulent écrire sans savoir lire. (*Haut.*) Voyons, Monsieur. (*Il se rassied.*)

L'HOMME DU PEUPLE, (*lisant couramment*). — « Il est bon de se demander, pour ne pas cesser d'être équitable,... quelle est au juste l'étendue du mal.

« Yo a trop clairement vu que les Français ne sont pas libres, mais il n'a pas remarqué qu'ils sont égaux...

L'HOMME D'ÉTAT, (*mettant le doigt sur ce trait de lumière*) — Vous voyez?

L'HOMME DU PEUPLE, (*poursuivant*). — « Il n'a pas remarqué que, sur ce point du moins, les principes de 89 sont en pleine vigueur... La France a passé soudainement et comme par un coup de théâtre du régime du privilége à l'égalité la plus absolue, à la suppression radicale de tout droit fondé sur la naissance...»

L'HOMME D'ÉTAT. — Est-ce clair?

L'HOMME DU PEUPLE, (*poursuivant*). — « Et ce changement, si brusque et si violent qu'il ressemblait à une courte tempête, a été aussi durable que s'il était l'œuvre du temps et de la volonté réfléchie des hommes. »

L'HOMME D'ÉTAT, (*charmé*). — Et comme c'est écrit! Voyez-vous l'image, sobre, contenue : la tempête;.... la durée, fille du Temps!... Poursuivons, je vous prie.

L'HOMME DU PEUPLE, (*achevant de lire*), — «En voulant conquérir d'un seul coup, et en un seul jour, l'égalité et la liberté, la France de 89 a fait une demande bien hardie à la Fortune, et il ne faut point s'étonner que l'une de ces deux belles conquêtes ait aussitôt glissé de sa main... Rome a mis quatre siècles à les acquérir, et n'en a pas joui aussi longtemps que le méritait tant de sagesse et de courage. L'Angleterre est libre, mais l'égalité y est encore incomplète; et si les États-Unis possèdent ensemblent ces deux biens inestimables, c'est qu'ils ont emporté avec leurs pénates la liberté déjà adulte de la mère patrie, et que la condition même de leur établissement mettait, comme une fée bienfaisante, l'égalité dans leur berceau. Il n'est donc point surprenant ni contraire aux lois de ce monde que nous ayons devancé par nos désirs la marche du Destin... (1). »

L'HOMME D'ÉTAT, (*se léchant les lèvres*). — Quel esprit! (*Avec un soupir.*) Ah! une plume charmante qui manque à notre aile!

L'HOMME DU PEUPLE. — Le Destin! les Fées! la Fortune!... C'est donc un païen, votre lettré?

L'HOMME D'ÉTAT. — Lui, païen?... Un homme capable de com-

(1) *Yo et les Principes de 89*, écrit spirituel de M. Pessard, avec une préface de M. Prévost-Paradol. — Bruxelles, 1867.

promettre sa popularité pour défendre le temporel du Pape, à la suite de notre historien national, à l'instar du gouvernement!

L'HOMME DU PEUPLE, (*méditatif.*) — Tel soutient le temporel, qui fait bon marché de l'éternel.

L'HOMME D'ÉTAT. — Vous dites?

L'HOMME DU PEUPLE. — A quelle école votre académicien a-t-il étudié l'histoire?

L'HOMME D'ÉTAT. — A l'École normale! et lui-même est passé maître : auteur très-estimé d'une *Histoire de l'humanité!*

L'HOMME DU PEUPLE. — Comment donc ce professeur explique-t-il que l'égalité aurait été déposée, avec la liberté, dans le berceau des États-Unis, puisque la Fée qui y porta son fils l'Anglo-Saxon, en 1594, c'est l'anglicane Élisabeth, à l'heure même où elle venait d'autoriser la *Traite,* faisant ainsi renaître, dans les colonies de l'Europe chétienne, avec la liberté de l'esclavage antique, la plus monstrueuse inégalité, flagrante et satanique violation de l'humaine fraternité ?

L'HOMME D'ÉTAT. — Ah! c'est Élisabeth la grande?...

L'HOMME DU PEUPLE. — Tel est le maternel giron, tel est le berceau dans lequel, sur l'oreiller de la servitude païenne, la démocratie américaine a dormi, près de trois siècles, le tranquille sommeil de l'iniquité, avant d'ouvrir les yeux à la plus élémentaire justice; et il lui a fallu, pour se purifier, un horrible bain de sang.....

Puisque votre historien de l'humanité, assistant, de l'autre bord de l'Océan, à ce baptême infernal dans l'étang embrasé de soufre et de feu, a regardé, sans rien comprendre aux mystères du berceau et de la tombe des États modernes, on s'explique qu'il s'en aille, béat admirateur des morts, découvrir et contempler l'égalité et la liberté ensemble florissant, entre l'écrasement du Latium et le passage du Rubicon, aux heures funèbres de la *Guerre des Esclaves,* quand le Peuple et le Sénat dépensaient « tant de sagesse et de courage » pour massacrer près de deux millions d'hommes, afin de contenir la masse servile, innombrable troupeau absolument privé de toute liberté comme de toute égalité !

L'HOMME D'ÉTAT (*un peu embarrassé*). — Peuh !

L'HOMME DU PEUPLE. — Et voilà comme on écrit l'histoire de l'humanité à l'Académie française !

L'HOMME D'ÉTAT (*à part*). — Voilà le fruit de nos Conférences : des ouvriers forts en histoire !

L'HOMME DU PEUPLE. — Et tels sont les coryphées de l'esprit nouveau, les champions de vos grands principes !...

L'HOMME D'ÉTAT. — Yo n'est pas des nôtres ; et je vois avec plaisir que vous n'êtes pas avec l'Opposition dynastique.

L'HOMME DU PEUPLE. — Des aveugles, conducteurs d'aveugles... Monsieur, ne pensez-vous pas que si un tel aveugle devenait le général de l'autre, nous les verrions tous deux ensemble tomber dans la même fosse ? (1)

L'HOMME D'ÉTAT (*impatient*). — Nous avons entendu cela au même prône, et j'en écouterais le commentaire avec plaisir ; mais, mon cher Monsieur, comme disent les Américains, le temps c'est de l'argent.....

L'HOMME DU PEUPLE (*avec douceur*). — Ce n'est pas perdre notre temps, Monsieur, que d'apprendre à nous méfier des Fées, à ne point chercher la liberté sous la roue de la Fortune, et l'égalité sous le rouleau du Destin.

L'HOMME D'ÉTAT (*avec quelque dignité*). — Les fonctionnaires de l'État représentent et soutiennent la sagesse du Gouvernement : ils n'ont point à répondre des erreurs d'une aveugle Opposition !

L'HOMME DU PEUPLE (*lui rendant la préface de M. Prévost-Paradol*). — Et bien vous faites, Monsieur ; car ce chantre élégant d'un libéralisme mal embouché, préconise une égalité qui n'a jamais existé, pas plus dans le berceau de l'Amérique esclavagiste, qu'au repaire de la Louve romaine, et pas davantage dans la basse-cour du Coq gaulois.

L'HOMME D'ÉTAT. — Ici, je vous arrête ! Que partout ailleurs l'œuvre du progrès soit en retard, cela se conçoit ; mais en France, Monsieur !... après notre grande Révolution, Monsieur !... La France est l'avant-garde de l'humanité ! L'œuvre de 89 est accomplie en tout ce qui regarde l'égalité. Qui dit la France, dit l'Égaité ! Là-dessus, tout le monde est d'accord.

L'HOMME DU PEUPLE. — Et tout le monde se trompe.

L'HOMME D'ÉTAT. — Ouais !

> Vous êtes le seul sage et le seul éclairé,
> Tout le savoir du monde est chez vous retiré !.....

(1) Saint Matthieu, XVI, 14.

Excusez ! Le sentiment commun, la conscience d'un grand peuple, le témoignage du monde entier, ne s'effaceront pas devant l'oracle du premier venu.

L'HOMME DU PEUPLE. — Ce n'est pas le premier venu ; c'est saint Paul, avec Moïse, qui vous dit encore, toujours, d'une voix suppliante : *Fiat æqualitas !* (1)

L'HOMME D'ÉTAT, (*à part*). — La Bible, en latin ! Il n'y a plus d'enfants !... (*Haut.*) Décidément, vous venez de l'Ile des Saints. Ces pauvres Anglais sont encroûtés d'aristocratie. Chez nous, la Démocratie coule à pleins bords dans le lit de l'Égalité.

L'HOMME DU PEUPLE. — Vous confondez, Monsieur, avec l'égalité, la loi égale pour tous, dont l'effet est précisément de consacrer l'inégalité réelle.

L'HOMME D'ÉTAT (*à part*). — Petite cervelle ! défaut d'études premières..... (*Haut.*) Comprenez, jeune homme :

Une société peut-elle exister sans lois ? Non. C'est d'axiome.

Or, la société anglaise a des lois de privilége ; la société française, des lois d'égalité :

Donc.....

L'HOMME DU PEUPLE. — Vous ne sentez pas que votre loi assure un privilége à qui peut vous payer ?

L'HOMME D'ÉTAT. — Il ne s'agit pas de sentiment, mais de raison pure. (*Avec un effort de bienveilllance.*) Vous n'allez pas au fond des choses, mon cher Monsieur.

Permettez à ma vieille expérience de le dire à votre jeune bonne volonté. Il n'y a, dans l'esprit du cautionnement, aucune faveur individuelle, ni aucune exception. C'est une garantie générale, également imposée à tous et à chacun au profit de la société.

L'HOMME DU PEUPLE. — Quel intérêt la société peut-elle avoir à ce que les pauvres refoulent dans leur cœur leur pensée muette ?

L'HOMME D'ÉTAT. — Il ne s'agit pas de ça !... (*A part.*) Ah ! l'ignorance ! l'ignorance !... (*Haut, avec un redoublement de complaisance.*) C'est pourtant bien simple, fondé en raison, logique.

Écoutez bien.

Nous vous donnons la liberté : en retour, vous nous devez, et en proportion de votre libre essor, des garanties pour l'ordre.

(2) Cor., VIII, 13, 14.

L'HOMME DU PEUPLE. — C'est donc l'argent qui fait l'ordre, avec la liberté ?

L'HOMME D'ÉTAT. — Pas d'argent, pas de Suisses ! vous savez... Qui a de l'argent a des coquilles. Est-ce un fait ? On ne va pas contre les faits !

L'HOMME DU PEUPLE. — Mais, Monsieur, les principes de 89 ont, apparemment, mieux à faire que de couvrir des *faits* bons ou mauvais. Il s'agit des *droits* de l'homme, et je demande à exercer le mien, en liberté.

L'HOMME D'ÉTAT. — Je vous oppose les droits de la société, le salut du peuple, les convenances de l'ordre social !

L'HOMME DU PEUPLE. — Pardon, Monsieur :

L'ordre social, assurément, doit être fondé sur la justice éternelle ;

Or, dans votre système, le riche est seul présumé avoir intérêt à l'ordre :

Serait-ce donc que la richesse a seule la notion de la justice ?

L'HOMME D'ÉTAT (*réfléchi*). — Hein?... (*A part.*) Au diable la logique !

L'HOMME DU PEUPLE (*poursuivant*). — Et c'est le contraire, si l'Évangile est la parole de la Vérité.

« Qu'il est dificile à ceux qui ont de l'argent d'entrer dans le Royaume de Dieu !

« Le monde des richesses sème dans l'âme humaine des soucis imposteurs qui étouffent le Verbe de la justice.

« Dites bien aux riches du siècle qu'ils n'atteindront rien de la science divine sur les sommets hautains de l'opulence (1). »

L'HOMME D'ÉTAT. — L'Évangile ! l'Évangile !... Parlons politique.

L'HOMME DU PEUPLE. — C'est ce que je demande : la permission de produire une politique, dont le fondement est l'ordre même, et l'épanouissement, la liberté. Or, voici qu'au nom des principes de 89, votre État m'interdit la parole avant même d'avoir pris la moindre information sur l'esprit qui m'inspire. Je n'ai encore, de mes sentiments et de mes idées, exprimé devant vous, Monsieur, qu'un seul mot : la justice éternelle. Éprouvez-vous le besoin de préserver la France de la justice de Dieu ?

L'HOMME D'ÉTAT. — Oh ! tout le monde se croit l'organe de la

____

(1) Saint Luc XVIII, 24. Saint Matthieu XIII, 22; VI, 33. 1 Timot., VI, 17.

justice et de la vérité. Tenez : j'ai déjà vu assis là, sur votre chaise, deux Esprits saints ou sacrés Verbes, que j'ai dû éconduire poliment, du nom de l'État.

L'HOMME DU PEUPLE. — Les faux prophètes doivent-ils nuire aux vrais ?

L'HOMME D'ÉTAT (*à part*). — Quelle peut-être sa marotte, à celui-ci ? (*Haut.*) Hé bien ! Monsieur, nous voulons bien, pour voir, prendre une idée de votre politique générale. Pouvez-vous nous résumer un peu la chose ?

L'HOMME DU PEUPLE. — Volontiers, en peu de mots.

Avant la naissance du monde...

L'HOMME D'ÉTAT, *impatienté*. — Ah! passons au Déluge!... Il y a déjà bien assez longtemps que...

L'HOMME DU PEUPLE. — Deux minutes, pas davantage.

L'HOMME D'ÉTAT. — Et puis, pas trop de Genèses et d'Apocalypses, hein! je vous en prie. Soyons de notre temps, et parlons la langue de tout le monde.

L'HOMME DU PEUPLE. — Je vais demander, tout bonnement, la constatation du mal à M. Le Play, l'organisateur de votre Exposition universelle, et la cause du mal à Napoléon III, l'édificateur de votre Empire; et, pour ma part, j'indiquerai le remède.

L'HOMME D'ÉTAT. — Vous? oh!

L'HOMME DU PEUPLE. — En Jésus-Christ.

L'HOMME D'ÉTAT. — Ah! (*à part*) un sectaire!

L'HOMME DU PEUPLE. — Avant la naissance du monde où habite Satan, il y avait un Paradis terrestre, où l'homme régnait avec Dieu. C'est à la restauration de ce divin Royaume que je voudrais être libre de me consacrer, avec les hommes de bonne volonté.

Le signe de la déchéance, c'est la division; et M. Le Play constate que jamais le principe du mal n'a poussé plus loin qu'en nos derniers temps, l'état d'universelle décomposition. Vous n'êtes que morcellement, atômes juxta-posés, éparpillés, poussière! (1).

Or, il en est ainsi, de l'aveu de l'empereur Napoléon III, parce que « le Christ n'est pas connu (2). » Telle est la cause de toute division.

_____

(1) *La Réforme sociale.* Introduction.
(2) *Discours de Bordeaux*, où il était dit : « L'Empire, c'est la paix ! »

Je viens donc vous évangéliser l'Homme-Dieu et le royaume de Dieu, et vous redire, au nom du Dieu inconnu, que le remède à votre mal, c'est l'unité universelle, forme de la divine charité.

Que tous soient un!

Un seul cœur; une seule âme; communauté entre les élus, libre association entre les familles. Toutes les forces unifiées, toutes les peines partagées afin de participer à toutes les joies; la fraternité à la fin accomplie. La moindre cité rurale, à l'image de la grande Humanité sainte, transformée en un seul corps, dont tous les membres variés s'organisent, hiérarchiquement ordonnés, sous un même chef, harmonieusement concertés dans un même foyer cordial. Ainsi, dans le régime de l'unanime communion, l'homme à l'aide même des attractions de sa nature essentielle, transfiguré d'âme vivante en esprit vivifiant; l'homme divinisé!

Tel est l'ordre, où s'épanouit la liberté.

C'est toute ma politique.

L'HOMME D'ÉTAT, *flairant la peste*. — L'éternelle utopie!... Connu : Panthéisme, Communisme! et l'on sait où la prédication de ces beaux rêves par le Socialisme a mené l'ordre social : à deux doigts de l'abîme!

L'HOMME DU PEUPLE. — Parce que la Folie se met au front la couronne de la Sagesse, est-ce raison d'écarter de son trône la Reine de justice et d'amour?.

Ce que je vous traduis là, Monsieur, c'est la parole de Dieu même dans son évangile (1).

L'HOMME D'ÉTAT. — Bon! *Tradottore, traditore!*...

Laissons les mirages : au fait, monsieur, au fait!

Le gouvernement a mission de défendre le triangle sur lequel repose l'édifice social : religion, famille, propriété!

Tout bon citoyen, pour jouir utilement, sans danger, de son libre droit de publiciste, doit tenir à ces trois choses également sacrées.

Et, je ne crains pas de le dire, nul n'est sérieusement apte à exercer le sacerdoce de la presse, s'il ne présente à la société ces trois garanties :

(1) Saint Jean, XVII; *Actes des apôtres*, II, 44-46; I, Saint Pierre, III, 8; Saint Paul, I, Corinth., XII; Éphes, IV, 4-16; I, Corinth., XV, 45; Osée, XI, 4; II, Pierre, I, 4; *Apoc.*, XXI, XXII.

1° Des principes religieux,

2° Un certificat de bonne vie et mœurs,

3° Un capital... honorable.

L'HOMME DU PEUPLE, *avec fermeté.* — Monsieur, j'ai pour capital, la foi.

L'HOMME D'ÉTAT, *stupéfait.* — La foi?... (*à part, comprimant un éclat de rire*). L'homme fossile!

L'HOMME DU PEUPLE. — La foi, qui engloutit Pharaon dans la Mer Rouge! La foi, qui déracine et transporte les montagnes d'orgueil! La foi, qui, revêtue de la sainte pauvreté, est un trésor plus fécond que toutes les richesses de l'Égypte, du monde et du diable! La foi de Dieu, le seul capital qui produise le salut (1)!

L'HOMME D'ÉTAT. — Un mystique!... Il m'amuse.

L'HOMME DU PEUPLE, *avec douceur.* — Il y a, Monsieur, les richesses de l'intelligence; il y a les richesses de la grâce; il y a les richesses de la gloire : ne feriez-vous, en France, aucun état de ces trésors spirituels (2)?

L'HOMME D'ÉTAT, *continuant à s'amuser.* — Vous ne le croyez pas : nous! le peuple le plus spirituel de la terre !

Le Français, né malin....

L'HOMME DU PEUPLE, *avec affection.* — Ah! vous ne connaissez pas les profondeurs des richesses du ciel, sagesse et science de Dieu (3).!

L'HOMME D'ÉTAT, *à part.* — On dirait qu'il sort d'en prendre...

L'HOMME DU PEUPLE. — Le ciel va-t-il encore se voir, sur la terre, empêché? le trésor de Dieu ne pourra-t-il être mis en valeur sans l'autorisation de Mammon (4)?

La liberté du Verbe éternel dépendrait du libéralisme de la plus périssable des seigneuries, l'argent!

L'HOMME D'ÉTAT. — Ma foi!... c'est le nerf de la guerre...

L'HOMME DU PEUPLE. — Réfléchissez, homme juste. Imaginez que vous avez devant vous Jésus lui-même.

L'HOMME D'ÉTAT, *gaiement.* — Simple hypothèse!

L'HOMME DU PEUPLE. — Chose possible.

---

(1) Saint Marc, XI, 22; Hébr., X, 26; saint Matthieu, IX, 22; Dom Pitra, *Spicilégium : Œgyptus.*

(2) Coloss, II, 2; Éphés., I, 7, 18.

(3) Rom., XI, 33.

(4) Éphés., III, 18.

L'homme d'état. — C'est un peu fort!... Mais si nous avions devant nous Jésus, il aurait derrière lui toute la chrétienté, pour lui servir de caution.

L'homme du peuple *tristement*. — Des chrétiens! où y en a-t-il (1)?

L'homme d'état. — Hein? partout! voyez dans Balbi: 260 millions.

L'homme du peuple. — Pensez-vous que le Fils de l'homme, revenant sur la terre, y trouve encore de la foi (2)?

L'homme d'état. — Mais certainement! sans parler des légitimistes, qui ont leurs traditions de famille, ne savez-vous pas qu'il y a bien des retours, même parmi les libres penseurs? nos églises sont pleines d'habits noirs!

L'homme du peuple. Et de charités refroidies!

L'homme d'état. — Enfin, pas un conservateur qui ne fît quelque chose pour le Christ, si, comme vous dites, il revenait.

L'homme du peuple. — Pouvu qu'il s'offrît à commenter le livre de Bossuet sur la *Politique* et celui de M. Thiers sur la *Propriété*...

Ah! Monsieur, qu'ils sont rares, les hommes qui, comme leur Mère, écoutent la parole de Dieu et la gardent toute et toute pure, sans aucun mélange adultère! Cette génération, en vérité, est une génération qui ne vaut pas grand'chose (3).

L'homme d'état. — Sommes-nous des païens?

L'homme du peuple. — La race des saints semble avoir disparu de la face du monde (4).

L'homme d'état. — Les saints! les saints!...

Pour n'être pas un saint, on n'en est pas moins homme,

Et baptisé.

L'homme du peuple.— Hé bien donc, mon frère.....

L'homme du d'état, *faisant un haut-le-corps*. — Familiarité démocratique!

L'homme d'état. — Homme chrétien, supposez que je suis envoyé d'en Haut pour évangéliser à votre terre attiédie la foi, la

(1) Mot d'un juif, illustre converti.
(2) Saint Luc, xviii, 8.
(3) Saint Matthieu, xvi, 4; xxiv, 12. Saint Luc, viii, 21; xi, 28-52.
(4) Mot d'un mandement du précédent évêque de Rennes.

paix, la grande joie, le royaume de Dieu, tous ces biens supérieurs qu'il est ordonné à chacun de chercher.

L'HOMME D'ÉTAT, *à part.* — Quel orgueil chez ces gens-là !

L'HOMME DU PEUPLE. — Que répondriez-vous au député du ciel criant vers vous : Me voici debout à la porte, et je frappe, et nul n'entendant ma voix et ne m'ouvrant l'entrée, je ne puis, au festin de Dieu, servir la religion pure et la politique parfaite. Que répondriez-vous (1)?

L'HOMME D'ÉTAT. — Je répondrais!… je répondrais !… (*Balançant le* Moniteur universel.) Je dirais, avec le Gouvervement : Allez aux colonies, jeune homme; « il y a des horizons ouverts aux activités fiévreuses : vous en reviendrez riche, avec la maturité de la réflexion… »

L'HOMME DU PEUPLE. — La maturité de l'esprit doit donc provenir de l'argent gagné, même pour l'inspiré de Dieu?… Et si le divin jeune homme que vous envoyez promener dans vos Californies, n'a pas la chance pour lui? Si, dans ce monde, où les renards ont toujours leurs tannières bien pourvues, le Fils de l'homme ne ramasse pas le moindre lingot d'or pour reposer sa tête?…

L'HOMME D'ÉTAT. — Ce serait jouer de malheur…

L'HOMME DU PEUPLE. — Dites-moi : depuis que Satan dispose des royaumes de ce monde et les offre à ses adorateurs, à ses dupes, combien comptez-vous de saints qui aient fait fortune?… Et combien de Lazares mendiants! et que de temps pour avoir les miettes de vos tables !

L'HOMME D'ÉTAT. — Parce que vos Lazares ne vont pas aux bons endroits. *Ite ad oves Israël…* Pardieu ! l'on sait aussi son Évangile en France. *Facite vobis amicos de Mammona iniquitatis :* faites-vous des amis à la Bourse, afin que, si les écus vous manquent, des bailleurs de fonds vous fassent votre cautionnement… Sérieusement, nos banquiers sont gens courtois, de bon accueil, protecteurs des arts et des lettres, lettrés eux-mêmes, moralistes, théologiens même! Voyez Izaac et Jacob offrir des cent et des cent mille francs rien que pour une *Encyclopédie nouvelle !…* On se fait présenter à cette excellente maison. Ce sont de sesprits très-ouverts.

L'HOMME DU PEUPLE. — Au *Nouveau Christianisme* de Saint-Simon : non au christianisme du Christ !

(1) Saint Luc, II, 10; IV, 43. Rom., X, 15. Galat., I, 23. Ephés., III, 8. Apoc., III, 20.

La politique chrétienne, ce sont de pauvres pêcheurs appelés au royal sacerdoce, c'est l'homme de la Crèche roi!

La politique saint-simonienne, ce sont les grands industriels, les banquiers chargés de diriger le mouvement social, les riches rois (1)!

L'HOMME D'ÉTAT. — Vous m'étonnez... J'ai l'avantage de dîner, et de bien dîner, chez un ancien *père* de Ménilmontant, et je communie à sa table avec la crème de l'École : je suis témoin que ce sont de belles âmes, toujours excessivement préoccupées du sort de la classe la plus nombreuse et la plus pauvre.

L'HOMME DU PEUPLE. — Oui, de très-bons cœurs, d'abord ouverts à la parole de Dieu : mais, pour avoir fait partir leur progrès indéfini des agitations du monde, des richesses et des voluptés de la vie, ils laissent, jour, à jour étouffer leur bon grain, qui ne portera point son fruit.

Ce n'est pas en vain que l'Évangile vous dit :

« Il est plus aisé à un câble de passer par l'ouverture d'une aiguille, qu'il ne l'est à un riche d'entrer dans le Royaume de Dieu. »

Et voici (curieux renversement de la leçon divine!) que vous me renvoyez aux marchands d'argent, pour importer et placer sur la terre les biens du ciel! Nous faudra-t-il faire coter à la Bourse cette nouvelle valeur, le Royaume de Dieu?... Ah! vous comptez sur la mort pour enfanter la vie!...

Ne serait-il pas plus question, en ce bas monde, de la résurrection des morts que de l'évangélisation des pauvres (2)?

L'HOMME D'ÉTAT. — Oh! la résurrection des morts!... (*Se reprenant.*) J'y crois, pour mon compte ; mais ce n'est pas un article de foi en politique, ni en science, aucune commission de l'Institut n'ayant constaté le phénomène,... vous savez!...

Quant à évangéliser les pauvres, c'est un devoir que nous nous vantons de remplir religieusement. Mais *distinguo.* Nous sommes une nation monarchique, hiérarchisée sur le chef de l'État : nous faisons descendre le bien d'en haut ; et comme l'a dit excellement un illustre homme d'État, plus que vous-même ferré sur la Bible : « Tout pour le peuple, mais... tout par le Pouvoir! »

_____

(1) Saint-Simon. *Catéchisme politique des industriels;* 1841, p. 150-155.
(2) S. Luc, VIII, 7-14. S. Matthieu, XI, 5.

L'HOMME DU PEUPLE. — L'austère Samaritain, que votre bonche catholique invoque, n'a-t-il pas été jeté bas à cause de ce mot léger, et de cet autre, encore plus léger : « Enrichissez-vous ! » et à cause de tous les beaux discours où retentissait un écho des chants de la superbe galère anglicane, prostituée à Mammon.

L'HOMME D'ÉTAT, *à part*. — Serait-ce un *fénian ?*...

L'HOMME DU PEUPLE. — Je viens dire à tous les hommes et à tous les peuples qu'il est temps, pour le riche, de s'humilier, s'il veut vivre, car la splendeur de Tyr et de Sidon va passer comme la fleur de l'herbe (1).

L'HOMME D'ÉTAT, *se caressant le crâne.*

> Ainsi tout change, ainsi tout passe !
> Ainsi nous-mêmes.....

L'HOMME DU PEUPLE. — Je viens vous dire que nul n'a le droit de dépouiller le pauvre de l'honneur dont il a été revêtu par Dieu même ; et que, moins que tous autres, les grands du monde ne sont autorisés à dédaigner les pauvres, que Dieu s'est choisis pour en faire les riches capitalistes dans la foi, et les héritiers du Royaume par lui promis à ceux qui l'aiment.

L'HOMME D'ÉTAT. — Puh !

L'HOMME DU PEUPLE. — Et que si vous mettez sur le peuple le fardeau d'une loi de priviléges faisant acception des personnes, votre loi, en contradiction formelle avec votre principe de fraternité, vous rend coupables, car elle est contraire à la loi royale de l'unique souverain père et dispensateur de la justice, Dieu !

L'HOMME D'ÉTAT. — Voilà les grands mots !

L'HOMME DU PEUPLE. — Et je viens vous dire qu'il est temps de ne plus considérer que la loi parfaite, qui est la loi de la liberté. (*Avec une tristesse croissante.*) Sinon, malheur à vous, riches ! pleurez jusqu'aux sanglots et aux hurlements sur vos misères, qui vont vous advenir, et bientôt, sous l'abri même de vos richesses, grosses de pourritures, sous le manteau de vos splendeurs, remplies de vermine. Vous n'aurez thésaurisé, pour vos derniers temps, que la colère dont la lave monte d'en bas, et il ne vous descendra d'en haut que le feu d'un éternel repentir.

(1) Isaïe, XXIII. Ezéchiel, XXVI, XXVII.

L'homme d'état. — Diable ! comme vous y allez ! et n'avons-nous pas raison d'exiger des garanties ? Les beaux traités dont vous empesteriez le monde, malgré toutes vos bonnes intentions, que je ne veux pas mettre en doute : l'enfer en est pavé... Vos jérémiades feraient un mal affreux ! D'autant plus que vous ne manquez pas d'une sorte d'éloquence. C'est incroyable !... Mais, de quel Jacobin empruntez-vous la langue ?

L'homme du peuple. — Mon frère Jacques, en effet (1).

L'homme d'état. — C'est cela : Jacques Bonhomme ! la Jacquerie !

L'homme du peuple. — Vous vous croyez instruits, à Paris ?...

O franc peuple, brave gallican ! tu dis : Je suis riche et pourvu de biens fonds, et je n'ai besoin de rien ; hélas ! et tu ne sais pas que tu es dans la peine et digne de pitié, et réellement pauvre, et aveugle, et nu (2) !... (*Avec larmes dans la voix.*)

Malheur à l'édifice qui ne se laisse pas élever par Dieu sur ses fondations divines ! Malheur à la Grand'Ville, renouvelée d'Athènes et de Rome : comme elles, revêtue de fin lin et de pourpre, et d'écarlate, et dorée au front, et couronnée de pierreries et de perles ; et, comme elles, destinée à voir ses richesses en une heure lui manquer, et sur ses ruines assise, la désolation ! Hélas ! hélas (3) !

L'homme d'état, *avec une sincère commisération, à part.* — Il est fou... Pauvre homme ! (*Haut.*) Vous avez l'air d'une bonne âme... Il ne faut pas trop ouvrir l'oreille à ces apocalypses de nos mystagogues révolutionnaires.

L'homme du peuple. — Malheur à vous, riches, car vos yeux ne reconnaissent plus l'or des Saintes Écritures (4) ! C'est l'Évangéliste qui vous parle, mon frère Jean, le disciple que Jésus aimait.

L'homme d'état, *perdant patience.* — Hé ! que ce soit Jean ou Jeannot, quel rapport allez-vous nous chercher entre la fin du monde (pure hypothèse !) et la sécurité de notre État prospère ? Le Gouvernement ne nous le disait-il pas, hier : Calmes et sereins, sous la conduite de notre Providence, nous arrivons à nos destinées meilleures !...

---

(1) S. Jacques, i, 9-11 ; ii, 4-13 ; i, 25 ; v, 1-3.
(2) *Apoc.*, iii, 17, 18.
(3) *Apoc.*, xviii, 16-19.
(4) Dom Pitra. *Spicilegium*, iii, 420.

L'HOMME DU PEUPLE. — Quand donc vous laisserez-vous convaincre de trois choses:

Que le monde est retombé en plein égarement ;

Que vous avez laissé la justice remonter au ciel avec le Christ,

Et que vous demandez en vain la résurrection et la vie aux princes de ce monde qui sont dès longtemps jugés, condamnés à l'impuissance (1)?

Est-ce en invoquant la fatalité que vous comptez conjurer les coups du destin? Est-ce en faisant de Paris une Babylone que vous espérez égaler votre tête au ciel et reposer vos âmes en Dieu? Mais regardez donc votre chef-d'œuvre achevé :

Depuis que votre France est « devenue irrévocablement une démocratie », et sous le régime « de l'égalité la plus absolue », le peuple souverain, dans sa masse la plus nombreuse et la plus pauvre, a été exclu du centre de votre Grand'Ville modèle, et tout entier refoulé au delà des anciens faubourgs. Regardez cette plèbe innombrable, où fermente l'envie, se dresser sur la ceinture des Fortifications, et, des hauteurs de cet immense Mont-Aventin, enserrer la ville des riches, où se gonfle l'orgueil !...

L'HOMME D'ÉTAT, *fort préoccupé, à part.* — Serait-ce un compagnon de l'*Association internationale des travailleurs?*

L'HOMME DU PEUPLE. — En sommes-nous donc revenus, après dix-huit siècles de Christianisme, à cet état du monde où l'écrivain sacré, au sein du Judaïsme, pouvait dire :

« Point d'association possible entre le riche et le pauvre...

« Le pauvre n'est pour le riche qu'un instrument de règne... C'est l'arbre, qu'embrasse le parasite.

« Le riche n'offre au pauvre place à son banquet, que pour mieux l'y épuiser, à propos d'alimentation.

« Comme l'âne sauvage est la proie du lion dans le désert, ainsi le pauvre est pour servir de pâture au riche.

« Comme l'humilité est abomination pour l'orgueil, ainsi le pauvre est exécration pour le riche...

« Le pauvre veut-il parler sensément, il n'a point la parole.

« Le riche ouvre-t-il la bouche, tout le monde fait silence, et tout le monde, justifiant sa parole, porte aux nues l'enflure de sa vanité.

(1) S. Jean, XVI, 8.

« Le pauvre a-t-il pu dire un mot, tout monde s'écrie : Quel est celui-là ?... Et s'il lui arrive, en faisant un faux pas, de choquer quelqu'un, tous lui tombent dessus et le renversent.

« Pour le riche, libre bruit, fût-ce pour couvrir ses injustices ; pour le pauvre, fût-il endommagé, le silence !... »

L'HOMME D'ÉTAT, *à part*. — Ces prophètes sont d'une insolence !...

L'HOMME DU PEUPLE. — Pauvre, pauvre, humilie-toi devant Dieu, devant Dieu seul !... N'invoque que Dieu seul pour ton salut; et laisse faire, pour le triomphe de ta cause, le bras de Dieu seul (1) !

Ton jour approche : les premiers seront les derniers...

Garde donc, dans toute ta vie, le trésor que le riche a laissé perdre, l'amour de Dieu et du prochain, pour avoir, dans le paradis, la première et bienheureuse entrée !

L'HOMME D'ÉTAT, *à part*. — Je vois ce que c'est : un puritain d'Écosse, prêcheur de la basse Église.

L'HOMME DU PEUPLE, *les yeux au ciel*. — Bienheureux vous êtes, ô bons pauvres, parce que c'est à vous qu'appartient le royaume de Dieu !

Bienheureux, si vous avez eu faim de la justice, car vous allez être rassasiés !

Bienheureux, vous qui avez pleuré dans ce triste temps, parce que voici venir pour vous l'allégresse et le bon rire dans la vie éternelle !

Bienheureux, même lorsque vous êtes mis à part, exclus de leurs priviléges, et qu'ils rejettent votre nom comme mauvais, ne jugeant pas que le titre de chrétien suffise pour mériter à chacun sa place et sa part au banquet social! C'est ainsi que leurs pères, les juifs infidèles, ont fait aux prophètes (2) !

L'HOMME D'ÉTAT, *à part*. — Bon ! le voici qui passe prophète, et se prédestine au martyre... Il prend son chapeau, comme un simple mortel,... enfin !

L'HOMME DU PEUPLE, *pensif*. — Le monde est étroit : le royaume des cieux est grand !

L'HOMME D'ÉTAT, *le considérant*. — Voyez le danger de l'instruc-

---

(1) *Ecclesiast.*, XIII.
(2 S. Luc, VI.

tion trop répandue ! Voilà un brave homme au fond : j'en ai le vague sentiment ; un beau garçon, ma foi ! Eh bien ! si la Bible ne lui avait tourné la tête, çà nous eût fait un bon charpentier, tout comme un autre !...

L'HOMME DU PEUPLE. — Donc, très-honoré monsieur, il me faudra dire à sœur Madeleine que vous m'avez renvoyé les mains vides.

L'HOMME D'ÉTAT, *avec affection*. — La nécessité,... à mon grand regret... Vous m'inspirez une extrême sympathie : du diable si je sais pourquoi ! Vrai, vous exercez sur moi comme une influence ipneutique, à laquelle j'ai peine à résister...

Courage ! résignation ! Vous n'avez pas de propriété ; c'est ce qui vous manque : çà donne de l'assiette. Çà viendra. Les horizons lointains ne vous séduisent pas ? Placez à la caisse d'épargne...

Heureusement, vous avez, avec vos principes religieux, un intérieur, la famille : c'est là qu'on trouve le calme de l'esprit. Un vieux bon père ; peut-être une belle fiancée ! une sainte mère : confiez-vous à elle pour avoir la sagesse, la modération dans les désirs !...

L'HOMME DU PEUPLE. — Une sainte mère, oui, monsieur, et bien affligée ! et qui, depuis si longtemps, souffre, prie, et prend, à cause de nous, tant de peine !

L'HOMME D'ÉTAT, *à part*. — Je crois bien : pauvre femme ! un fils extravagant !

L'HOMME DU PEUPLE. — Faites-vous, mon bon monsieur, vos prières régulièrement ?

L'HOMME D'ÉTAT, *moitié riant, moitié embarrassé.* — Pas guère...

L'HOMME DU PEUPLE. — Faites, mon frère (1).

L'HOMME D'ÉTAT, *la langue de côté. (A part.)* C'est donc le sacristain de Fontevrault ?

L'HOMME DU PEUPLE, *gravement.* — Répétez souvent à votre âme ces paroles, que vous apprit votre mère :

« Le Seigneur va faire éclater la toute-puissance de son Verbe.

« Il a dissipé ceux qui s'enorgueillissaient dans les pensées de leur cœur.

« Il a descendu les puissants de leur trône, et il a élevé les petits.

(1) Note A.

« Il a rempli de biens les affamés, et il a renvoyé les riches les mains vides. »

L'HOMME D'ÉTAT. — Merci ! je vous prie de croire que je n'ai pas reçu de ma mère de tels principes subversifs de l'ordre social.

L'HOMME DU PEUPLE. — C'est Marie qui vous parle, la Vierge mère de Dieu et des hommes, en son *Magnificat.*

L'HOMME D'ÉTAT. — Tiens !... je ne l'ai jamais su qu'en latin...

L'HOMME DU PEUPLE, — N'avez-vous jamais, comme Isaïe, médité avec la Colombe ? N'éprouvez-vous pas souvent, comme le Psalmiste, le besoin d'échapper aux ténèbres du monde sur les ailes de l'Esprit de sainteté (1) ?

L'HOMME D'ÉTAT. — Redescendons sur la terre, s'il vous plaît, pour ne point faire de pas de clerc. Je suis homme d'État, non d'Église. Le prêtre a cure des·âmes... et des femmes, en vue du royaume des cieux : nous avons, nous, le gouvernement des corps et des·âmes viriles sur la terre ; notre empire est de ce monde ! Et j'ai l'œil assez clair pour voir que si nous avions, par imprudence, en politique le principe de l'Économisme : *Laissez faire, laissez passer,* vous nous feriez passer quotidiennement sous le nez un petit *tract* à la Jonas, criant sur nos places et à tout bout de champ :

« Encore quarante jours, et la grand'ville sera mise sens dessus dessous !... Paris sera détruit ! »

Et vous mettriez au compte de tous les riches l'arrêt du chansonnier :

> Ces pauvres rois ! ils seront tous noyés (J) !

Grand merci, faux prophète !

L'HOMME DU PEUPLE. — Vous vous méprenez, monsieur, sur l'esprit dont je suis. Le prophète auquel vous voulez bien me comparer fut jeté à la mer : il n'y jeta personne ; et c'est à lui que les rois durent de ne pas se noyer dans Ninive engloutie... On peut annoncer la justice pour tous, sans quereller séditieusement personne. Je n'ai aucune·envie de crier sur vos forums pour escalader le Capitole. Rassurez-vous : je n'achèverai pas vos sceptres cassés, je n'éteindrai pas le lumignon de vos synagogues. Je veux me borner à démêler la royauté de Dieu de tout ce qui n'est pas elle ; je veux présenter aux yeux réjouis de la terre la vérité toute

(1) Isaïe, XXXVIII, 14. *Psaumes* LIV, 6.
(2) Béranger. Mélanie. Jonas.

pure, manifester le jugement du mal par la victoire du bien. Si je demande à parler, c'est pour arracher à leur prison les enfants des morts, pour que l'aveugle voie ce qui est conforme au juste, pour que le muet s'écrie : « Vive Dieu ! » Si je fais un journal, c'est pour prouver que tout est possible à Dieu et à ses élus, même le salut des riches ; c'est pour appeler les petits et les grands à se rapprocher dans l'ordre, à s'accorder dans l'harmonie. Nicodème, monsieur, était un riche, comme Joseph d'Arimathie et Véronique, Lazare et Madeleine : et nous avons vu ces bons riches suivre la pauvre Marie sur le chemin de la Croix (1).

L'HOMME D'ÉTAT, *l'observant.* — Les prophètes ! Marie ! c'est quelque unitarien... Pas méchant, quoique empesté de mysticisme socialiste !... Çà nous ferait un drôle de merle blanc sur le perchoir des petits journaux.

(*Haut.*) Tenez, jeune homme, vous m'intéressez ; et je pressens, d'ailleurs, que votre journal ferait chorus avec les *Idées de madame Aubray...* Farceur de Dumas !...

L'HOMME DU PEUPLE. — Ce farceur défend les filles pauvres contre les riches libertins.

L'HOMME D'ÉTAT. — C'est raide !... Il a, comme vous, une manière de jeter les pierres dans notre jardin, sans nous blesser, tout en cassant nos vitres : c'est du nouveau ! La France commence à se réennuyer ; moi aussi : vous êtes homme à nous ragaillardir, avec vos plaisants paradoxes. Je veux vous donner un conseil utile. Que ceci reste entre nous, je vous prie.

Écoutez bien. Allez-vous-en tout droit trouver l'Empereur. Demandez une audience ; vous entendez... C'est un bon enfant, sauf respect. Sa mère l'appelait : « Mon doux entêté. » Entêté comme l'aigle, pour nous faire notre bonheur, fût-ce malgré nous ; doux comme l'abeille, pour sucrer le bord de la coupe. *Fortiter et suaviter,* comme disait le sage... je ne sais qui. Il est capable de vous comprendre, malgré votre excentricité ; de discerner dans votre mouvement mystico-coopératif une diversion salutaire. Il peut tout ! Ainsi, bonne chance, et vogue la galère !

L'HOMME DU PEUPLE. — Je vous remercie, monsieur. Je crois vos appréciations justes sur l'homme ; mais vous vous trompez, en vé-

(1) S. Luc, XVIII, 27. S. Matthieu, XII, 17-50. Isaïe, XLII, 1-22. Jonas, I et III. S. Jérôme, S. Augustin, S. Jean-Chrysostôme, S. Hilaire : *Chaîne d'or,* sur S. Matth., XII.

rité, sur la puissance du prince. Ses légistes ne sont pas aussi bons enfants que lui, et sa loi ne vaut pas sa mère. Votre Empereur, je n'en doute pas, me donnerait ma liberté, s'il n'était lui-même lié sous la garde des hommes de loi.

L'HOMME D'ÉTAT. — Lié ! l'Empereur?...

L'HOMME DU PEUPLE. — Il n'y a point d'exception à la loi, point de privilégié devant la loi. Pour tous, l'égalité d'un même empêchement.

L'HOMME D'ÉTAT. — Bast ! je vous dis que Napoléon est tout-puissant, et bon prince. Il est homme à vous faire votre cautionnement. Ma parole !

L'HOMME DU PEUPLE. — Je le sais... Mais vous imaginez-vous ce souverain libéral, donnant avec largesse des cinquante mille francs aux mille pauvres qui voudront publier leur pensée sur Dieu et l'humanité?

L'HOMME D'ÉTAT. — Qui vous parle de mille? C'est bien assez d'une folie, une fois faite ! Est-ce que Dieu et l'humanité ont affaire à écouter ce qu'un tas d'ignorants imagineraient de bégayer sur leur compte? Je veux bien conseiller une exception, unique, en votre faveur, parce qu'il y a en vous, sous votre habit de jardinier, quelque apparence d'érudition, de virilité, de bienveillance; mais passer parole à la vile multitude! ouvrir le bec à une bande d'enfants mal élevés, capables de tout briser à la maison ; démons déchaînés qui nous feront donner au diable, ah ! mais non! non!

L'HOMME DU PEUPLE. — Il est écrit pourtant :

« Laissez venir à moi les petits enfants, car leurs anges voient éternellement la face du Père, qui est dans les cieux. »

Il est écrit :

« Seigneur, c'est de la bouche des enfants que vous tirez votre louange la plus parfaite. »

Il est écrit :

« Gloire à Dieu, Seigneur du ciel et de la terre, parce qu'il a caché les voies du salut aux sages et aux prudents, pour les révéler aux petits. »

Il est écrit :

« N'empêchez pas les enfants et les petits de l'Église de venir à moi, car à de tels appartient le royaume de Dieu (1). »

____

(1) S. Matthieu, XVIII, XIX, XXI. S. Luc, X, XVIII. *Ps.* VIII, XVIII.

L'HOMME D'ÉTAT. — Peuh ! des enfantillages !

L'HOMME DU PEUPLE. — Or, c'est à nous tous, les petits enfants du bon Dieu, que votre loi ferme la bouche ; et c'est pour tous ces petits que je vous demande la liberté.

Vous parlez toujours de droits de l'homme et de droit commun ; et, lorsque vous organisez le banquet de la libre pensée, vous n'y appelez aucun pauvre ! Nul de nous ne peut s'asseoir à votre table, la chaise étant hors de prix ! Nul de nous ne peut même manger les miettes de votre festin (1).

L'HOMME D'ÉTAT. — Des phrases !

L'HOMME DU PEUPLE. — Un seul mot :

Je constate que le droit humain de respirer ce que le ciel inspire en nous tous, est, en nous tous, par vous étouffé ; et que les pauvres, élus de Dieu, n'ont, à votre ombre, que le droit commun au silence.

L'HOMME D'ÉTAT. — Ah ! un disciple de Lamennais : le schisme en personne !

L'HOMME DU PEUPLE. — Oui, le droit au silence ! Je l'irai dire à Rome. Adieu !

L'HOMME D'ÉTAT, *gaiement*. — A Rome ? A l'autre ! Seriez-vous catholique ?

L'HOMME DU PEUPLE, *avec un imperceptible sourire*. — Un peu... Rome, monsieur, m'accordera ce que Paris me refuse.

L'HOMME D'ÉTAT, *éclatant de rire*. — Rome ? Ah ! ah ! ah ! Rome ! Allez-y voir, et partez du pied gauche ! La bonne aventure, ô gué !

L'HOMME DU PEUPLE. — A Rome, je trouverai, plus réellement qu'à Paris, la fraternité, l'égalité, la liberté.

L'HOMME D'ÉTAT. — Vous ne plaisantez pas ?...

Monsieur, je suis, tout comme un autre, catholique sincère : j'accompagne mes filles à la messe ; je respecte mon évêque,... quand c'est un esprit sage, prudent, libéral ; mais, pour ce qui est de la politique, c'est autre chose ! Et vous ne viendrez pas, à nous, fils de la Révolution et de l'Empire, chanter les louanges de ce vieil État romain, avec son droit canon comme son dogme immuable (2) ! Ne parlons pas de çà, hein !

____

(1) S. Luc, XIV, 13.
(2) Joli mot d'un sénateur des Gaules.

L'homme du peuple. — Au contraire, parlons-en, pour confondre la vanité française.

L'homme d'état. — Ce n'est pas sérieux. Tout le monde sait qu'à Rome, on n'a pas d'égalité devant la loi.

L'homme du peuple. — Mieux que cela : dans certains cas, un privilége nous est réservé, à nous, les pauvres. C'est absolument l'inverse du principe français.

L'homme d'état. — Vous vous moquez ! Rome ?... Allez donc voir si les pauvres Romains ont la liberté de publier des journaux !

L'homme du peuple. — Qui les en empêche ?

L'homme d'état. — Qui ? L'autorisation préalable : ah !...

L'homme du peuple. — Mais ce principe de domination, vous l'aviez hier, ce matin ; vous l'avez encore.

L'homme d'état. — Non !

L'homme du peuple. — Si !

L'homme d'état. — Par exemple !

L'homme du peuple. — L'État abdique, il est vrai ; mais en faveur de Mammon. Au dieu des richesses, l'autorité ! De lui dépend l'autorisation.

L'homme d'état. — C'est calomnier les principes de la société moderne.

L'homme du peuple. — Avant la Révolution française, il y avait deux priviléges de naissance : l'un venait de la cuisse de Jupiter, l'autre de la corne d'abondance de l'aveugle Plutus. Depuis la Révolution, le premier privilége est, à peu près, absorbé dans le second ; et c'est, à peu près, tout le mystère de la victoire du Tiers-État. Pauvre peuple, qu'ai-je gagné au change ?

L'homme d'état. — O ingratitude !... Et l'épaulette !... Avant la Révolution, monsieur, il fallait appartenir à la noblesse du sang, pour avoir le droit de porter l'épée en liberté. Est-ce un fait ? oui ou non ?

L'homme du peuple. — Depuis la Révolution, il faut appartenir à la noblesse d'argent, pour avoir la faculté de porter la plume, et sans liberté ! Est-ce un fait ? Oui ou non ?

L'homme d'état, *s'emportant*. — Avant la Révolution, Monsieur, défense de rien publier sans la permission du roi, sous peine d'être pendu et étranglé !

L'homme du peuple. — Vous me citez une loi du seizième siècle, qu'inspira l'esprit de la Renaissance ; vous m'opposez un acte de vos rois de France dont la Papauté n'a pas à répondre. L'Ancien Régime français n'est point de notre fait, pas plus que le nouveau : deux pauvres enfants, auxquels l'Église, mère de la vie éternelle, a pu donner le sein, par charité, mais qu'elle n'a point enfantés ni conçus....

Revenons à notre sujet, Monsieur; et laissez-moi dire, à votre confusion, que votre progrès moderne est, à beaucoup d'égards, un leurre pour le peuple ; laissez-moi répéter, à votre honte, que le régime de la presse dans votre État français, est moins conforme à la justice que dans l'État romain.

L'HOMME D'ÉTAT, *riant franchement d'un bon rire gaulois.* — Hi! hi! hi!... C'est à mourir de rire !

L'HOMME DU PEUPLE. — On ne rit pas avec la mort !... (1).

Rome, que vous nommez une nécropole, est, plus que votre Paris, la terre des vivants.

L'HOMME D'ÉTAT, *ricanant.* — *Credo videre bona in terra viventium!*

L'HOMME DU PEUPLE. — Examinez librement, hommes du libre examen.

L'HOMME D'ÉTAT. — C'est tout examiné et jugé !

Rome a-t-elle la censure préventive, oui ou non ?

L'HOMME DU PEUPLE. — Oui ; et, je l'avoue, la censure préventive, ce n'est point la liberté.

L'HOMME D'ÉTAT. — Ah !... *Habemus confitentem...*

L'HOMME DU PEUPLE. — Vous avez mon aveu : il me faut le vôtre.

La liberté, à Rome, est restreinte ; mais ce qui est permis là ne l'est point ici.

L'HOMME D'ÉTAT. — Oh ! oh ! vous ne tenez donc plus pour l'absolu ?

L'HOMME DU PEUPLE. — Ce qui est bon pour le jeune homme est-il toujours bon pour l'enfant ?

L'HOMME D'ÉTAT, *précipitamment.* — Il n'y a plus d'enfants !... Et les peuples sont émancipés !

L'HOMME DU PEUPLE. — Je prends acte de vos joyeuses croyances... A Rome, nous croyons autrement. Nous avons tort? fort bien; mais nous avons la logique, et vous, point !

____

(1) *Proverbes*, I, 26. Habacuc., I, 10. S. Luc, VI, 25.

La Papauté , supposant que le peuple a besoin de quelques jours de tutelle encore, le lui déclare franchement et le traite en mineur, loyalement :

Vous, qui proclamez le peuple majeur, de quel droit le traitez-vous en mineur ?

Prenez garde : vous donneriez à penser que les rois de la Renaissance n'ont supprimé la houlette des Papes que pour faire libre jeu à leur sceptre olympien...

Toujours est-il que l'Église romaine, ayant pour principe l'autorité paternelle, ne me doit qu'une bonne direction :

L'État français, affichant le principe de la liberté, me doit la liberté.

L'HOMME D'ÉTAT, *se pressant le front.* — On s'y perd !...

L'HOMME DU PEUPLE. — Or, il se trouve qu'insultant à tous vos principes de 89, la censure préventive existe encore en France.

L'HOMME D'ÉTAT, *timidement.* — Pas sous le couronnement...

L'HOMME DU PEUPLE. — Avez-vous des censeurs pour le théâtre, et des censeurs pour le colportage? oui ou non?

L'HOMME D'ÉTAT. — C'est bien différent!

L'HOMME DU PEUPLE. — Si la censure n'a aucun droit sur les libraires de la ville et du faubourg, pourquoi a-t-elle prise sur les colporteurs, libraires du village? Si c'est un bien de permettre au mal de se répandre par la voie des journaux, comment serait-ce un mal de le laisser produire sur les planches du théâtre? Où est la logique? Et que deviennent vos principes ?

L'HOMME D'ÉTAT. — Nous revoilà dans l'absolu !... Je vous dis que la censure romaine barre passage à tout : la nôtre, à peu de chose.

L'HOMME DU PEUPLE. — Or, écoutez cette parabole :

Un jour, le pauvre Lazare, s'apercevant qu'il allait de plus en plus à mourir de faim, sans pouvoir empêcher le financier de mourir d'indigestion, s'avisa de vouloir sortir des bas empires de ce monde, afin d'entrer dans le royaume des cieux.

Or, pour passer d'un lieu à l'autre, il y avait un pont, sans garde-fou, sur un abîme.

Aux deux bouts du pont se tenaient deux gardes , l'un de la maison de Dieu, l'autre de la suite de César.

L'homme de Dieu, voyant de loin venir Lazare, cria vers lui :

Mon frère, veux-tu passer à notre rivage, accepte le secours de mes yeux et l'appui de mon bras.

Or, le pauvre Lazare était en veine d'indépendance. Je voudrais bien, dit-il, marcher seul, au gré de ma fantaisie.

Et moi, reprit l'homme de Dieu, je manquerais à mon devoir de bonne garde, si je laissais tes yeux faibles et tes jambes débiles te mener à l'abîme. Réfléchis : Adieu !

O tyrannie ! s'écria l'homme de la suite de César. Viens à moi, citoyen. Liberté, égalité, fraternité ! Libre passage donc ! Après cela, que tu te casses le cou et le reste, ou non, c'est ton affaire, non la mienne. Progresse dans ton indépendance, à tes risques et périls.

— Ah ! grand merci, Seigneur ! et vive la liberté ! Ainsi criant, joyeux, Lazare avança d'un pied sur le pont.

Holà, oh ! un moment ! dit l'homme de César, retenant d'une main Lazare et de l'autre montrant sa caisse. Et le droit de péage ?

— Je n'ai pas une obole,

— On ne passe pas !

— Je suis l'ami du bon Dieu.

— Quand tu serais César lui-même, je te dis qu'on ne passe point, au nom de l'égalité. Bonsoir !

Et tournant le dos au pauvre, le garde fidèle aperçut un grand seigneur qui s'avançait magnifiquement, avec la bande des grandes gens du Monde.

Ah ! mon Dieu ! s'écria-t-il, je suis l'humble serviteur de Votre Majesté. Gloire à son auguste épouse, qui porte à son front une couronne de douze diamants, et dans ses bras son Bambino tout d'or ! Honneur à leur auguste fille, qui tient par la main son angelot, l'habile inventeur du char de l'État, le doux tondeur des brebis.

Ouvrez la porte à deux battants. Place aux divinités du jour : la Fortune et Plutus, Minerve Ergana et Philomélos ; Mammon et compagnie ! Et vive la fraternité !

— Et moi, mon frère ? demandait Lazare.

— Toi, mon camarade ?... A quoi bon t'aventurer vers ces rivages inconnus ? Reste de notre bord ; et viens, avec moi, demander à César notre pain quotidien et les spectacles du cirque.

Mais le garde de la maison de Dieu, criant de nouveau vers Lazare, lui dit : Allons, mon frère ; confiance : presse-toi contre mon cœur, et passons ensemble.

Lazare ayant pris son bras, tous deux ensemble, l'homme de Dieu et le pauvre, entrèrent, sans chute et sans encombre, dans le royaume des cieux, où bientôt vint habiter, avec la justice, la liberté.

L'HOMME D'ÉTAT. — Parabole, faribole !

L'HOMME DU PEUPLE. — Voyez-vous enfin que votre droit de péage, plus que la censure même, barre passage au pauvre, laissant libre entrée au seul riche ?

Et savez-vous, enfant de Paris la grand'ville, ministre de l'Empereur, qu'on n'a jamais rien vu passer de pareil sur le pont Saint-Ange, à l'ombre de Saint-Pierre ?...

L'HOMME D'ÉTAT, *se jetant sur la tangente.* — On en voit passer bien d'autres, sous la garde de vos inquisiteurs !

L'HOMME DU PEUPLE. — On ne voit point passer Lazare sous la garde de vos policiers. C'est la question : restons-y !

Pauvre chrétien, je demande passage...

L'HOMME D'ÉTAT. — Je sais tels dévots qui vous le refuseraient net.

L'HOMME DU PEUPLE. — Comme vous faites ; et c'est bien ce que je disais :

Des chrétiens, où y en a-t-il ?.....

J'obtiendrais passage des indifférents !

Je l'obtiendrais des rédacteurs de la *Liberté,* de l'*Économiste français,* de la *Science sociale,* de la *Coopération :* noble devise oblige !

Je l'obtiendrais des juifs de la *Presse* et du *Petit Journal,* de bons Israélites !

Je l'obtiendrais des rédacteurs du *Temps,* de la *Revue chrétienne,* bons Samaritains.

Je l'obtiendrais des ennemis de mon Église, les écrivains de la *Revue des Deux-Mondes,* des *Débats,* de l'*Opinion nationale,* de l'*Avenir national,* du *Siècle,* du *Nain jaune,* de la *Revue moderne,* de la *Morale indépendante,* du *Charivari :* tous, au nom de la Justice ou de l'Éclectisme, laisseraient, par pitié pour ma pauvreté, quelque peu de mouvement libre à ma pensée.

Mettez-moi sous la discipline des rédacteurs de l'*Etendard,* du *Pays,* du *Constitutionnel,* du *Moniteur,* vos amis, défenseurs de la religion nationale, de la famille étroite et de la propriété fermée ;

mais hommes : par le chemin de leur cœur, j'arriverai à toucher leur raison.

Placez-moi, s'il vous plaît, sous la surveillance de la haute police : dans ses bureaux, je trouverai encore des humains a qui parler, des intelligences avec qui m'entendre.

Mais comment attendrir le fisc, et faire mon trou dans la table de vos lois de marbre ? Barrières insurmontables, impénétrables aux faibles !

Ah ! rendez-nous le frein de l'esprit !

Que si vous avez, plus qu'à Rome, de l'esprit, et du bon esprit, eh bien ! nous mâcherons, sous votre joug plus léger, un mors plus doux, d'une bouche plus libre !

L'HOMME D'ÉTAT. — De l'esprit ? s'il court les rues, ce n'est point dans Rome !

L'HOMME DU PEUPLE. — Accordons que le pape-roi n'ait pour aides que des oies, toujours est-il qu'il choisit les plus vigilantes, pour faire sentinelle et sauver son Capitole de l'irruption des Barbares.

Vous, qui surabondez en aigles de la pensée, vous choisissez, pour faire le guet, des vautours !

Il faut l'esprit mort en nous, pour qu'en vous vive la chair (1) !

L'HOMME D'ÉTAT. — Déclamations !

L'HOMME DU PEUPLE. — Le cardinal que j'ai pour juge, à Rome, n'étant pas infaillible ni à l'abri de tout préjugé, peut, à la rigueur, se servir de la clef de la science pour me fermer l'entrée du ciel (2).

L'homme d'État, en France, sous clef lui-même, ne peut pas ne pas obliger le fisc à me fermer la porte au nez.

A Rome, ma liberté dépend de ce que la papauté a, en elle et autour d'elle, de charité et d'intelligence :

A Paris, ma liberté dépend de ce que j'ai d'argent, moi qui n'ai rien !

Les Romains ont, pour principe de vie, après Dieu, le vicaire de Jésus-Christ :

Vous, Mammon et son auguste famille !

Donc, le régime romain est au-dessus du régime français, au-

---

(1) *Vultur designat eum qui gaudet et pascitur morte aliorum. II. Laureti Sylva allegoriarum sacræ scripturæ.*

(2) S. Luc, XI, 52.

tant que la raison est au-dessus de la richesse, autant que la tête est au-dessus du ventre.

L'HOMME D'ÉTAT. — La tête!... la tête peut se tromper.

L'HOMME DU PEUPLE. — Et le ventre?...

A la porte de l'Église, pauvre Lazare, j'ai l'espoir :

A la porte de votre État, il me faut laisser l'espérance...

Chez le pape, nous avons une liberté modeste, j'en conviens, mais départie par la paternité la plus accessible et la plus dévouée ;

Chez vous, pour le pauvre, nulle liberté, faute d'aucune paternité !

L'HOMME D'ÉTAT. — C'est fabuleux!... D'où sortez-vous? Point de paternité!... Le peuple français ne vient-il pas de recueillir cette parole, que le chef de l'Université a laissé tomber, avec un grand poids, du haut de la tribune redressée:

« Le préfet est le père de famille du département! » *A fortiori*...

L'HOMME DU PEUPLE. — De grâce, Monsieur, ne répétez pas des mots qui donnent à votre monument la frise d'un éternel ridicule !

L'HOMME D'ÉTAT, *blessé*. — C'est donc que vous pactisez avec l'opposition? Il ne vous reste plus qu'à prétendre, avec ces audacieux Titans, que la France est *in manu*.

L'HOMME DU PEUPLE. — Je voudrais le pouvoir dire, dans un autre sentiment, avec respect. Assurément, je me trouverais plus à l'aise *in manu* qu'où je suis, sous la pierre écrasante de votre loi. Vous le sentez si bien vous-même, que vous m'envoyez demander l'octroi de ma liberté à la bonne grâce de votre Empereur. Un homme a toujours un cœur de chair : votre loi dure est sans cœur !

A Rome, le pauvre est *in manu,* dans une main paternelle. Notre Saint-Père voit, il est vrai, en nous des enfants, mais les siens, générations d'un sang divin.

Fils ingénus de l'Église, nous avons, en principe, nos droits de l'homme, et mieux que vous.

Vos droits, qui vous étaient déniés hier, vous sont, aujourd'hui, conservés précieusement en douane. Les légistes de vos maîtres n'ont jamais reconnu votre ingénuité. Eux-mêmes, fils esclaves de la Renaissance païenne, ils vous traitent en fils de la Servante.

Le régime de l'autorisation préalable, tel que vous l'avez pratiqué jusqu'à ce jour, fait passer tout entier à l'État mon droit *d'user* de la liberté naturelle.

Notre censure préventive n'attribue à l'Église enseignante que le pouvoir de m'empêcher *d'abuser* du droit naturel incontesté.

Votre État absorbe mon droit ;

Mon Église règle mon droit.

Bonne ou mauvaise, ma pensée chez vous est esclave :

Chez le Pape, ma pensée n'est asservie qu'autant qu'elle est jugée mauvaise.

A Rome, on pratique un système préventif de toute parole attentatoire à la majesté de Dieu :...

L'HOMME D'ÉTAT, *interrompant.* — Ici, à la majesté de l'Empereur !

L'HOMME DU PEUPLE. — Vous le croyez !... Qui trompe-t-on ici ?... Mais regardez donc :

Ai-je l'argent, je suis, de son chef, autorisé à manquer de respect au prince, et quotidiennement ; ce que la religion m'interdit.

N'ai-je point l'argent, je ne suis plus autorisé même à rendre au prince l'hommage de mon respect, quand il l'a mérité...

L'argent est plus fort que votre Empereur !

Ai-je l'argent, vous me permettez journellement d'éclabousser de mon encre impure la face même de Dieu :

N'ai-je point l'argent, vous me défendez de chasser, chaque matin, les ombres qui cachent le soleil de la justice éternelle.

L'argent est le maître de Dieu !...

En vérité, en vérité, vous n'avez rien qu'un système préventif de toute parole publique quelconque, pour peu qu'elle vienne du pauvre.

Avec votre autorisation préalable, l'esprit est tenu en chartre privée ;

Avec notre censure préventive, l'esprit est surveillé, refréné.

L'HOMME D'ÉTAT, *railleur.* — A la lisière !

L'HOMME DU PEUPLE. — Qu'aimez-vous mieux, le frein ou la prison ?

Moi, j'aime mieux la lisière aux enfants que les bandelettes aux morts.

L'HOMME D'ÉTAT. — Mais, encore une fois, nous ne l'avons plus, l'autorisation préalable !

L'HOMME DU PEUPLE. — L'ayant, hier, la France se croyait l'avant-garde de l'humanité libérale, bien en avant de Rome distancée....

Et quand il vous arrive, aujourd'hui, de tomber sur un pire

écueil, vous vous imaginez entrer, à pleine vapeur, dans le port de la liberté?...

Au bout de votre laborieux progrès, vanité indéfinie et croissante affliction! Oui, de pire en pire erreur, au vent des bouches séductrices (1)!

La censure préventive de l'Église qui n'est point la liberté, est cependant, pour la masse du peuple, plus libérale que l'autorisation préalable de l'État, qui est le règne du bon plaisir;

Et le bon plaisir de l'homme est moins illibéral que le poids fatal d'une ignoble matière, le cautionnement!

La censure ecclésiastique, en principe, n'empêche que le mal;

L'autorisation d'État empêche, pêle-mêle, le mal et le bien;

Le cautionnement, en principe et nécessairement, laisse passer le mal et ferme passage au bien.

C'est là ce que vous nommez l'enfantement de la liberté française?... Tout ce beau bruit pour un avortement?...

Tant il est vrai, comme disent vos oracles, que « la pratique n'a point cessé de se jouer de la théorie, et que le démenti s'accuse toujours dans la proportion de la promesse! »

L'HOMME D'ÉTAT, *dérouté*. — C'est inouï!... On n'a jamais vu embrouiller ainsi les questions et sophistiquer la science politique. (*A part.*) Ça doit être un scholastique... (*Haut.*) Mais, Monsieur, il y a une pierre de touche infaillible pour déterminer le caractère progressif de l'acte du 19 janvier : les ultra-conservateurs le déclarent trop libéral, aventureux, gros de risques et périls....

L'HOMME DU PEUPLE. — Laissez à leur effroi ces esprits timides : toujours sagement appuyés sur les choses anciennes et n'ayant aucun souci des nouvelles; retournés superstitieusement vers le passé, dont ils prennent les ténèbres pour éclairer l'avenir (2).

L'HOMME D'ÉTAT. — Mais enfin (autre pierre de touche), l'Opposition elle-même, l'Opposition! en a été réduite, par le cri de la conscience, à confesser publiquement que notre loi est un progrès, et il n'est pas un libéral honnête et modéré qui ne reconnaisse, dans le principe du cautionnement, une haute convenance, une nécessité (3).

(1) *Eccles.*, I, 2-14. II, Tim., III, 13.
(2) S. Matthieu, XIII, 52. Isaïe, V, 20.
(3) La liberté de la presse, par Foblant, p. 45.

L'HOMME DU PEUPLE. — Je vous parle au nom du peuple, et vous me répondez au nom des libéraux : cela fait deux, en vérité.

Ce parti libéral se compose de bourgeois, qui ont plus ou moins la matière du cautionnement, le capital, lequel manque à la masse du peuple.

L'HOMME D'ÉTAT. — Hé ! vous en revenez toujours à vos moutons....

Je vous dis que l'Opposition est unanime à voir un progrès dans le régime légal substitué au régime administratif.

L'HOMME DU PEUPLE. — L'Opposition choisit le juge, faute du père.... Encore peut-elle se tromper.

L'HOMME D'ÉTAT. — Oui ! Attrappez donc une bande d'Argonautes aux yeux de lynx !

L'HOMME DU PEUPLE. — Voyez vous-même, de vos yeux :

Le Pouvoir exécutif a, plus que le Pouvoir judiciaire, intérêt à ménager les écrivains, l'un étant inamovible, et l'autre point.

L'HOMME D'ÉTAT. — Qu'osez-vous dire?

L'HOMME DU PEUPLE. — Un simple fait, acquis à l'histoire moderne.

Tous les juges, en France, meurent sur leur siége :

Quel ministre, fût-il le plus digne ou le puissant, est mort sur son trône?

L'HOMME D'ÉTAT. — Monsieur !... Le passé ne prouve rien contre l'avenir.... Il est à nous, l'avenir !...

L'HOMME DU PEUPLE. — Tout honnête citoyen doit vous le souhaiter ; car un changement nouveau peut faire progresser vos païens de la douce main d'Auguste à la serre de Tibère.....

Je voulais seulement vous dire qu'il n'y a point tant lieu de chanter victoire, parce qu'on a conquis le droit commun à la Police correctionnelle.

Les libéraux en sont tous à demander des lois, encore des lois, toujours des lois !...

L'HOMME D'ÉTAT. — De bonnes lois. Quoi de mieux?

L'HOMME DU PEUPLE. — Et nous demandons, nous, la liberté des enfants de Dieu.

L'HOMME D'ÉTAT. — N'est-elle pas copieusement départie aux imprimeurs?

L'HOMME DU PEUPLE. — Voilà une liberté qui ne vous coûte pas gros ! Et vous n'avez pas même prévu qu'elle coûtera cher aux imprimeurs, expropriés pour cause d'une utilité publique où Dieu et les pauvres n'ont rien à voir.

L'HOMME D'ÉTAT. — Comment! la liberté de l'imprimerie, ce n'est rien!

L'HOMME DU PEUPLE. — Rien, sans la liberté des imprimés.

L'HOMME D'ÉTAT. — Des imprimés? l'air en est obscurci!... Un tourbillons de petits papiers, vile poussière!... Et quant à nos grands journaux, qui abusent pas mal de leur liberté, qui vous empêche, vous, d'en jouir?

L'HOMME DU PEUPLE. — Le timbre.

L'HOMME D'ÉTAT. — Le timbre! le timbre!... D'abord, c'est une création de la République, 9 vendémiaire an VI, et la République de 1848 a bien su la renouveler. Ensuite, qu'est-ce que le timbre? La patente due à la société par un commerce fructueux....

L'HOMME DU PEUPLE. — Commerce?... La presse, un sacerdoce! disiez-vous.

L'HOMME D'ÉTAT. — Oh! il y a là tant de boutiques!...

L'HOMME DU PEUPLE. — N'y eût-il qu'un seul temple, une seule chaire de vérité, de quel droit taxez-vous la parole humaine et divine?... Timbrez les annonces, la marchandise; non les idées, l'esprit!

L'HOMME D'ÉTAT, *pressant dans sa main le* Moniteur. — La critique est aisée.... Je voudrais bien vous voir tenir la queue de la poêle.... La politique est un grand art!... compliqué, difficile!... On se rapproche du but, qu'on n'atteint jamais ici-bas.... Dans les sphères de la bonne pratique, le juste devient l'utile,... mais l'utile doit être la base de l'idéal. De là, le timbre.... Et, du reste, le timbre n'empêche pas le peuple de lire les journaux : le *Moniteur* d'abord, collé à la Mairie, *gratis pro Deo ;* les autres, au Cabinet de lecture, au Cabaret, que sais-je? C'est le cas d'organiser des *Sociétés de consommation* spirituelle....

L'HOMME DU PEUPLE. — Pour faire vivre économiquement le pauvre Lazare des idées du riche?...

L'HOMME D'ÉTAT, *toujours alimenté par le* Moniteur. — Ah! vous n'êtes pas raisonnable!... Ces gens-là sont d'une exigence!... Et je vous dis, moi, avec le Gouvernement, que notre loi, inspirée par la prévoyance, est de force à soutenir la comparaison avec toutes les législations étrangères. C'est une loi qui a le privilége d'être humaine.... Oui!... (*Cherchant.*) Ah! par exemple : Ce n'est pas à Rome qu'on aurait eu l'idée de supprimer la peine corporelle ! Innovation humanitaire !

L'HOMME DU PEUPLE. — Joli progrès !... en dehors des lois de la nature, de la justice et de la miséricorde.

L'HOMME D'ÉTAT. — En trois points !... *Quod probandum.*

L'HOMME DU PEUPLE. — Contre nature, car l'homme est un, et la loi ne saurait, sous peine d'extravagance, séparer dans l'humanité ce que Dieu unit.

Contre justice, car, l'homme étant un, âme et corps, s'il arrive qu'il soit criminel selon vous et digne de punition, en vertu de quel principe ne porterait-il pas la peine dans l'unité de son être ? Pourquoi faites-vous cesser la solidarité naturelle entre l'âme et le corps ?

L'HOMME D'ÉTAT, *se faisant souffler par le* Moniteur, *un imprudent ami.* — Pourquoi !... Parce que la prison est un piédestal, où l'écrivain, notre ennemi naturel, est enchanté d'aller installer sa célébrité. Au diable ! nous ne serons plus assez innocents pour nous charger, nous-mêmes, de le faire poser en martyr....

Au contraire, l'amende, bien appliquée directement sur l'entreprise, va contraindre nécessairement les bailleurs de fonds à faire la police pour nous.

L'HOMME DU PEUPLE. — Où donc est la justice, si l'homme qui finance doit payer la faute de l'homme qui écrit ?

L'HOMME D'ÉTAT. — Oh ! les punitions seront de plus en plus rares : l'argent a bon nez ; le capital chassera pour l'État.

L'HOMME DU PEUPLE, *avec pitié.* — La plume des oiseaux du ciel emprisonnée dans la serrure du coffre-fort !... La censure préalable du Veau d'or !... L'homme tenu en bride par l'animal !...

L'HOMME D'ÉTAT. — Ta, ta, ta !... Le Gouvernement a, mieux que vous, l'éloquence pour nous démontrer que la suppression de la peine corporelle, c'est tout profit pour la dignité humaine. Donc, notre loi ne saurait être ni contre nature, ni injuste, et elle est, de son essence, miséricordieuse.

L'HOMME DU PEUPLE. — Contre miséricorde ! et vous vous êtes laissé aller à prouver vous-même ce troisième point.

Quiconque est affligé dans son âme et dans son corps, portât-il la juste peine d'une faute, inspire à tout bon cœur une inévitable commisération. C'est pour l'écrivain coupable aussi que le Christ a dit : « J'ai été en exil, et vous m'avez recueilli ; en prison, et

vous m'avez visité (1). » Or, grâce à votre belle mesure de miséricorde humanitaire, la liberté de la presse perd son point d'appui
sur l'humanité. En renonçant à la peine corporelle, l'homme de
lettres renonce à la sympathie cordiale. Le public s'affligeait pour
le patient, les bonnes âmes priaient avec larmes pour le pécheur,
pour la victime : personne ne priera sur Plutus, condamné à
payer l'amende,pour les peccadilles de Junius.... Vous en souriez
d'avance : le public en rira ; et la presse, ainsi dépouillée de toute
personnalité, bêtement inféodée à la seigneurie des écus, descendra s'inhumer dans la géhenne de l'avilissement !

L'HOMME D'ÉTAT, *se pressant la tête*. — Le monde est un chaos !

L'HOMME DU PEUPLE. — C'est là qu'aboutit la chrétienté infidèle,
parce qu'elle a déserté le culte du vrai Dieu pour le service des
dieux étrangers ; parce qu'elle a rejeté le royaume des cieux pour
s'accommoder aux empires d'en bas (2). Et c'est ainsi qu'au bruit
de leurs fanfares, les modernes, de progrès en progrès, tombent
plus bas que les antiques Juifs, des contraintes de l'âge de fer
dans l'étouffement de l'âge de boue, d'autocratie en ploutocratie !

L'HOMME D'ÉTAT. — Tout cela ne fait point que votre théocratie
ne soit pas le pire des gouvernements.

L'HOMME DU PEUPLE. — C'est là une des vanités de vos synagogues de Satan.

Regardez et comparez les deux Cités, de leur base à leur couronnement :

Le fondateur de notre théocratie, c'est Moïse :

Voulez-vous voir dans le Législateur hébreu la figure même de
saint Pierre arrachant l'Église à la servitude de vos Pharaons et
nourrissant le peuple de Dieu dans le désert de votre Monde? Je
vous l'accorde.

Or, notre chef théocrate, c'est le plus doux de tous les enfants
des hommes qui, demeurant, ici-bas, sur un terrain de passage,
n'ait pas atteint les perfections du royaume de Dieu en la Terre
promise (3).

J'en ai pour témoin votre ministre de l'Instruction publique.
Dans le procès même où tout le monde poursuit la condamnation

---

(1) S. Matthieu, XXV.
(2) I, *Rois*, VIII, 7-17.
(3) *Nombres*, XII, 3. *Deuter.*, XXXIV, 44, 10, 12. *Osée*, X, 12.

de la Papauté, M. Duruy, savant historien, dépose en ces termes :

« Le gouvernement romain a été le plus doux des gouvernements (1). »

Voilà pour le passé.

Mais, quelle que soit la mesure des rigueurs légales dans le temporel romain, avez-vous entendu dire qu'aucun pape-roi ait jamais donné ces fondations pour le couronnement de l'Église?...

A Rome, dans la maison de Dieu, nous avons pour point d'appui, avec la verge disciplinaire de Moïse, le ferme roc de la justice en saint Pierre ; et nous avons, devant nous, espérance certaine! pour couronne, le Christ de Dieu même, au front de l'Église revêtue des clartés du ciel, c'est-à-dire la miséricorde et la liberté!

Vous, qui depuis les conquêtes de César et des Franks, n'avez rien à opposer à la douceur du régime romain, à quel bord de l'horizon de Paris voyez-vous s'ouvrir le ciel orient de la liberté?...

Plaisante hallucination! Vous nous supprimez même le recours au bon plaisir du prince : et voici qu'en nous mettant à tous, sur les mains et sur le cou, le joug suffoquant de Mammon, vous avez la naïveté d'offrir la chose à notre admiration comme le couronnement de votre édifice!...

L'HOMME D'ÉTAT, *agité, troublé.* — Monsieur!... Je ne comprends pas que ma sœur m'adresse, ici, dans les bureaux, un homme qui ose s'attaquer... Protester contre les actes et les paroles du prince, c'est protester contre le peuple ; car, sous Napoléon III, comme a dit le Gouvernement, la couronne et le peuple ne sont qu'un (2)!

L'HOMME DU PEUPLE, *calme.* — Si vous me connaissiez, vous sauriez que je ne peux manquer de respect à aucun homme, puisque tous, mes frères, portent en eux l'image de Dieu. Mais faut-il, pour garder le respect, manquer à la vérité?

Il est de dogme que le pape-roi lui-même peut être répréhensible ; aussi la discipline catholique n'interdit pas de résister en face à la marche politique du chef de l'Église (3).

---

(1) *Les Papes, princes italiens.* M. Duruy ajoute : « Jusqu'en 1800. » En effet, au dix-neuvième siècle, quelle puissance n'a pas été plus douce que la Papauté ? exemples : Napoléon Ier, partout ; l'Angleterre, dans l'Inde ; la Russie, en Pologne ; l'Amérique, chez elle ; et *tutti quanti* ; et la Prusse ? un agneau !...

(2) L'émotion trouble la mémoire de l'homme d'État. Ce mot est de M. Paulin Limayrac.

(3) S. Paul. Galat., II, 11-14.

Et votre police aurait la fabuleuse prétention d'attribuer l'infaillibilité au chef de l'État et de nous obliger, comme devoir, à n'opposer à sa marche que l'imbécillité d'un lâche mutisme?

Quoi! si vos dieux, parmi leurs harmonies, laissent tomber une note douteuse, le peuple, qui fait les frais du concert, n'aura pas le droit de se gratter l'oreille? et vous ne me laisserez pas dire, en souriant, qu'il manque des perles à ma couronne?

L'HOMME D'ÉTAT, *fatigué*. — C'est à en perdre la tête!...

L'HOMME DU PEUPLE. — Vous me gratifiez, en me saluant du titre de peuple souverain, d'un sceptre dérisoire : et vous croyez que je n'en ferai pas joyeusement un feu de paille? Vous me chauffez, m'exaltez, au nom de la liberté ; et après m'avoir donné l'envie d'écrire, vous m'en retirez la faculté : et je n'aurai rien à dire!... Faudra-t-il, à chacun de vos actes, m'épanouir la face à l'instar de vos publicistes à gages? Allez-vous réglementer, en plein pays gaulois, le droit de l'homme à l'ironie? M'empêcherez-vous de sourire, quand vous vous moquez de nous?... Ah! laissez, laissez ce rayon de triste joie sécher les larmes qui montent à nos yeux du fond de notre cœur par vos œuvres blessé, et de votre avenir inquiet!

L'HOMME D'ÉTAT. — Peuh!

L'HOMME DU PEUPLE. — Êtes-vous sûrs, lorsque je vous demande, moi enfant du peuple, à vous fils aînés de l'Église, la liberté de défendre publiquement notre Père commun, et que vous me tenez les lèvres closes, êtes-vous sûrs que ce Père, à la fin découragé de son éternelle douceur, ne vous fera pas rendre compte, et demain peut-être, ministres infidèles, de tant d'insultes au droit commun, de tant d'entraves à la liberté du bien?...

L'HOMME D'ÉTAT, *se sauvant à la gauloise*. — Le Pape, régler nos comptes?... Il a bien assez de rendre les siens à César, qui va, demain, rentrer dans sa Rome, et à toutes les nations soulevées contre la théocratie cléricale!...

Retournez-vous donc, et voyez, à Rome, le flot qui monte, et votre Barque qui va sombrer! Ultramontains, souvenez-vous des pilotes qui vont s'échouer à Gaëte ou mourir à Savone!

L'HOMME DU PEUPLE. — Pour avoir aimé la justice et haï l'iniquité (1).

____

(1) Saint Grégoire VII à Salerne. *Psaume* XLIV.

De cruce in crucem ! c'est la légende de **Pie IX**. D'une croix sur l'autre croix. Ce qui veut dire qu'après avoir été mordue par les fils de la Louve, l'Église-Mère va être dépecée par les petits du Griffon, sous les yeux de sa fille aînée, qui s'en lavera les mains…

L'HOMME D'ÉTAT, *un peu gêné.* — Ce n'est pas sans émotion, sans malaise, croyez-le bien. Nous avons fait tout au monde pour sauver la Papauté, tout au monde !… Mais, comme dit le Gouvernement, on ne peut pas empêcher les gens de se perdre… Maintenant, que faire ? Le mot fatal est sur toutes les lèvres. Il est trop tard !

L'HOMME DU PEUPLE, *souriant.* — Rassurez-vous : vos portes d'enfer ne prévaudront pas contre l'entrée du ciel.

Ce qui n'est pas de Dieu, dans la Barque, seul va s'engloutir, avec tous les radeaux du monde….. Et, sur le déluge de flammes, vous verrez surnager, avec l'homme de Dieu, la justice et la liberté !

Je vais, à Rome, attendre de Dieu ce que l'homme ne peut donner.

L'HOMME D'ÉTAT. — Puh ! Vous trouverez le temporel au tombeau…

L'HOMME DU PEUPLE. — Je trouverai l'éternel ! et, prêtes à sortir encore du Saint-Sépulcre, la Résurrection et la Vie !

Ah ! pauvres gens du monde, que Satan soulève et fait tourbillonner comme les sables de la mer au mirage de la liberté, de l'égalité, de la faternité, vous suivez Gog et Magog à l'assaut de la cité bien-aimée et des communions des saints : aveugles ! mais voyez donc qu'il n'y a sur la terre qu'une seule maison où les hommes sont frères, à ce point d'avoir entre eux réalisé l'égalité la plus parfaite ; et cette maison, c'est le couvent des Cénobites fidèles à la Règle de saint Benoît et de ses divins émules ; et tâchez de comprendre que de tant de fraternité et d'une si parfaite égalité, doit nécessairement sortir la liberté, comme les fleurs et les fruits du tronc et des rameaux de l'arbre de la vie.

Insensés ! au lieu de rappeler les Religieux à leur *Règle*, vous déchirez la *Règle* et jetez les Religieux hors de leur Ordre et de leur Communauté dans votre morcellement et dans votre désordre. Au lieu de prolonger dans les familles l'esprit parfait de la vie évangélique, vous imaginez de vouloir prolonger dans l'Église l'esprit malin de la mort !

Ah! pauvres hommes d'État français, plus ingénieux que ceux de la patrie de Machiavel, plus coupables! car si Garibaldi tape partout à l'aveugle, mais à la bonne franquette, vous, vous ébranlez d'une main savante et douce les Communautés religieuses, que vous n'osez attaquer de front, de peur d'ameuter contre votre folle entreprise les gémissements de vos femmes et l'éclat de rire de vos enfants!

Pauvres diables! qui croyez rendre service à Dieu en tuant le corps social de Jésus-Christ, exactement comme vos ancêtres, les Juifs, croyaient rendre hommage au Seigneur en tuant l'homme Dieu dans son corps individuel! Étranges fils aînés de l'Église, qui refusez la vie à vos jeunes frères, les indigents, et la laissez retirer à votre père, le Pape!

Hélas! pauvre peuple de France, mon bien-aimé, quand reconnaîtras-tu que, hors de la maison du Père de famille, dans la cour de tes rois citoyens, on ne trouve même pas à se remplir le ventre des cosses qu'accaparent les pourceaux d'Épicure (1). Tu meurs de faim, misérable, affamé de justice et de liberté! Lève-toi donc, et reviens à ton père, et dis-lui : Mon père, consentez-vous, qu'à votre ombre secourable, j'use du droit de publier, devant Dieu, pour le bien de l'humanité, la bonne nouvelle de la justice réalisée sur la terre comme au ciel!

L'HOMME D'ÉTAT. — Le Pape? vous donnera sa bénédiction; *Urbi et orbi!* et voilà tout.

L'HOMME DU PEUPLE. Et cela suffit. M'aimes-tu, mon fils, me dira-t-il?

— Père, vous savez que je vous aime, aimant Dieu.

— Aimant Dieu, tu respecteras la base de l'Ordre absolu, l'essence de la Liberté infinie :

Dieu le Père, le Fils incarné, l'Esprit inspirateur;

Et leur Église, unique foyer de réforme, de sainteté, de paix, de bonheur!

Tu respecteras la Vérité, pour t'épargner la honte et le ridicule d'avoir à respecter l'erreur.

Tu adoreras Dieu, de bonne volonté, pour n'en être pas réduit à adorer, de force, Satan!

Aime donc l'Amour, et écris tout ce que tu voudras?

(1) *Les boulevardiers.* S. Luc, XV, 15, 16.

Sous ma houlette, pais mes agneaux, et les conduis aux patu-rages éternels !

L'HOMME D'ÉTAT. — En voilà, des bergeries !

L'HOMME DU PEUPLE. — Vous préférez l'idéal des repaires ?... Où voyez-vous que la liberté des petits de la Louve soit plus stable que la liberté des petits de la Colombe ! A qui ferez-vous accroire que votre progrès puisse monter bien haut, dans l'air libre, sur les ailes du Coq gaulois.

L'HOMME D'ÉTAT. — Nous avons le vol sublime de l'aigle pour nous ravir, de clocher en clocher.....

L'HOMME DU PEUPLE. — Jusqu'au panthéon d'Agrippa et dans l'Olympe.

L'HOMME D'ÉTAT. — Symbolisme, jeu d'esprit ! Comparaison n'est pas raison.

L'HOMME DU PEUPLE. — Ce qui est évident à la raison, Monsieur, c'est qu'en admettant l'égalité d'un même bon désir chez nos souverains, moi, pauvre Romain, j'ai une chance de pouvoir parler en liberté sous le toit de mon Église : et le pauvre Français n'en a aucune sous le couvercle de votre État. Mon prince est libre de me faire libre : le vôtre n'a pas la liberté de me donner ma liberté ; esclave de la loi, il ne peut pas faire que nous ne soyons tous, à son ombre, des esclaves. Donc, le peuple romain est, en principe, plus libre que le Parisien.

L'HOMME D'ÉTAT, *levant de grands bras*. — C'est drôle !

L'HOMME DU PEUPLE. — Je le vais dire à Rome, où, par humilité sans doute, on ne se le dit pas assez. Je vais prier le Saint-Père de compléter son œuvre de l'Encyclique *Quanta cura*, ainsi que l'y a convié un illustre Parisien. Rome achèvera de pulvériser vos bâtisses ; le Pape, d'une chiquenaude, fera évanouir les vaniteux ballons que soufflent les petits crevés de votre grande politique.

L'HOMME D'ÉTAT. — Et allez donc !... Mais, dans l'intérêt même de votre héroïque aventure, n'essayez pas de rallumer les foudres du Vatican. C'est une électricité bien usée !

L'HOMME DU PEUPLE. — Il y a un foudre usé jusqu'à la corde, auquel ni canons rayés, ni fusils à aiguille ne rendront force et durée ; c'est le fuseau de Véjovis auquel s'accrochent pour leur dernier festin tous les rapaces de la fin des temps (1). L'heure

____

(1) S. Luc, XVII, 37.

vient, et elle est venue, où les peuples vont se confier aux ailes de la colombe, ou tout bonnement se nicher, terre à terre, sous le duvet de la mère poule, découragés, dégoûtés d'avoir pris leur vol aux serres des oiseaux de proie. Les plus sublimes ne vous emportent vers leurs aires qu'aux cîmes de l'orgueil, dans les hauts déserts secs et glacés, où la verdure manque, avec l'air, avec le souffle de l'amour. L'heure vient, et elle est venue, où la conscience de l'humanité jettera dehors le prince de ce Monde que le Christ a vaincu (1).

L'HOMME D'ÉTAT. — Puh !

L'HOMME DU PEUPLE. — Adieu, Monsieur. Pardonnez-moi de vous avoir blessé parfois dans vos idées et dans vos sympathies : c'est par charité, pour vous délivrer de vos illusions et de vos idoles. Je vous remercie d'avoir écouté ma plainte sans trop d'irritation : je n'aurais pas trouvé dans vos lois une égale tolérance ! Adieu ! Votre mère, qui est au ciel, votre sœur, qui est sur le chemin du ciel, vous crient du fond du cœur, avec moi : A Dieu ! Retournez-vous, de la voie du mal où vous êtes engagé et de l'œuvre d'erreur où vos mains sont prises, retournez-vous vers le Seigneur. Détournez-vous de la conjuration des prophètes qui dévorent les âmes comme le lion sa proie, des prêtres qui ne mettent pas de distance entre le pur et l'impur, des princes qui gouvernent au milieu des peuples comme loups affamés de rapines et altérés de sang, des peuples qui se constituent par la fraude et par la violence (2).

Puisque le grand élan de l'aigle vous plaît, renouvelez ses ailes au souffle de l'inspiré de Pathmos (3). Pour échapper ensemble à une suprême révolution, procédez ensemble à une suprême rénovation.

Le principe de cette vraie renaissance est celui-ci :

Tout ce que vous vous donnez, riches, donnez-le aux pauvres.

Ne vous bornez pas au rôle de consommateurs jaloux, égoïstes.

Ne perdez pas de vue que faire place à l'un de nos frères les plus petits, c'est faire la place à Dieu même (4). Vous l'avez oublié, et personne, à peu près, ne s'en est souvenu.

(1) S. Jean, XII, 31 ; XVI, 33.
(2) Jonas, III. Ezéchiel, XXII, 24-30. Michée, III, 11.
(3) *Psaume* CII, 5.
(4) S. Matthieu, XXV, 40.

L'homme d'état. — Les pauvres oubliés? Mais on ne s'occupe que de ça! au point que les libres-penseurs ont rayé de l'Évangile le *Pauperes semper,* comme au fronton de nos Bureaux de bienfaisance s'efface le mot Paupérisme.

L'homme du peuple. — Alors donc, trouvez le moyen de nous expliquer :

Comment il se fait que votre Gouvernement, plus que bien d'autres préoccupé des pauvres, ne paraisse pas même soupçonner que sa loi met, sans exception, tous les pauvres à la porte de son édifice achevé ;

Et comment il se fait qu'un enfant de l'Église soit obligé de venir en aide aux fils de Voltaire pour donner à l'État un avertissement au nom des pauvres et de Dieu!

L'homme d'état *interroge de l'œil, alternativement, son petit journal et le* Moniteur universel, *qui ne lui répondent rien.*

L'homme du peuple. — En résumé, Monsieur, votre loi est encore et toujours une loi de méfiance systématique envers toutes les générations des pauvres.

Votre loi est inspirée du matérialisme le plus épais, puisqu'elle aurait pour effet de mettre tous les journalistes, qui veulent parler de Dieu et de l'humanité, dans la main des suppôts de Mammon, aux ordres du Rampant.

Votre loi, hier, était un mélange de mosaïsme et de paganisme : aujourd'hui, la voici en train de devenir purement païenne, et païenne de la plus vile fournée; car cette loi vous met un tas d'écus à la place du cœur...

Votre réforme ne porte ni trace ni ombre de l'amour du peuple. Pas un souffle de fraternité !

Aucune liberté pour l'esprit de quiconque n'a pas d'argent !

Aucune égalité de parole entre le riche et le pauvre !

Dans votre nouveau régime, pas un de vos principes de 89 ne s'incarne en réalité; et pas un de vos droits de l'homme n'est acquis, en fait, au citoyen.

Sur votre grand'ville, que vous n'avez remuée de fond en comble que pour en faire un champ d'inégalité, vous n'agitez, à propos de liberté, pour la masse du peuple, que du vent !

L'homme d'état. — Encore une fois, c'est calomnier l'Empereur !

L'homme du peuple. — N'essayez pas, pour vous abriter, de

découvrir votre prince. Son cœur est moins obstacle à la liberté que la raison d'un tas de prétendus libéraux.

L'Empereur ne sait pas; si l'Empereur savait!...

Il ne sait pas, faute d'avoir eu, dès sa naissance, l'âme tournée et fixée vers le principe de la Science. C'est son excuse. Dites à ce cœur doux qu'il ne laisse pas son intelligence entêtée à servir deux maîtres. Par l'un, les pauvres sont évangélisés; par l'autre, les pauvres sont recouchés à l'ombre de la mort (1).

Dites à cet esprit né pour le bien que, s'il avait employé ses quinze ans de règne, non pas à écrire la *Vie de César,* l'Homme de Péché, mais à méditer sur la vie de Jésus, l'Homme-Dieu, il n'aurait pas abouti à laisser ses conseillers couronner son édifice par un vaste appareil à silence, où se trouve comprimée la voix des sept millions de pauvres qui l'ont fait Empereur; traquenard légal, où sa bonne volonté elle-même demeure, avec tout son peuple, subordonnée à la *Féodalité financière,* à Mammon!

Dites-lui que l'argent est fait pour être sous les pieds de l'esprit, non l'esprit à la queue de l'argent!

Dites-lui qu'il n'a qu'un moyen de sauver sa gloire :

Jeter bas l'idole du Veau d'or, exalter le vrai Dieu!

Et dites-vous, mon frère, et dites autour de vous, que nul ne s'avise de s'en prendre, de la décadence et de la servitude universelles, au chef qui rame péniblement sur le radeau de l'État; car le mal est vieux comme Hérode, vieux comme César, vieux comme tous les pouvoirs de la Renaissance.

Ensemble donc, faites tous pénitence, autocrates, aristocrates, démocrates! et tous, transformés en chrétiens, poussez de votre séve rajeunie les fruits d'une réforme évangélique (2).

Cessez de courir l'aventure d'un progrès à bâtons rompus, au hasard, à reculons! Si vous êtes de Dieu, écoutez les paroles de Dieu, et vous marcherez droit dans la vérité divine, vers l'éternelle liberté!

Quel plaisir trouvez-vous à basculer sempiternellement d'anarchie en despotisme, et de n'ouvrir les yeux à la vie que pour considérer incessamment la mort?

Ne sentez-vous pas que votre métier de Sisyphe, dans le Tar-

(1) S. Matthieu, VI, 24. S. Luc, I, 79; XVI, 13.
(2) S. Matthieu, IV, 17. S. Luc, III, 8.

tare moderne, fait de vous la risée des anges et des hommes de bonne volonté?

N'êtes-vous point las de déshonorer le Père avec le Fils, faute de prêter l'oreille à l'Esprit, qui vous appelle tous, sur les lèvres de votre Mère, par l'attrait du sourire et par le charme du baiser!

Pourquoi faut-il qu'au lieu de vous complaire à voir la bonne Nature tressaillir en vous, sous le rayon de la Grâce, vous vous laissiez gonfler de l'esprit mauvais jusqu'à faire les affaires de Satan, en vrais possédés?

L'HOMME D'ÉTAT. — Diable!... Vous vous chargerez bien de nous exorciser.

L'HOMME DU PEUPLE. — Possédés, puisque vous n'avez plus la possession de vous-mêmes, n'ayant plus conscience d'un égarement monstrueux.!

Qui donc vous inspire et vous guide?

Si c'est Dieu, vous devez faire le bien : évangéliser aux pauvres la fraternité, l'égalité, la liberté.

Si c'est vous qui, de vous-mêmes, marchez, hommes libres, à la clarté de la Raison, vous devez bien voir, quand vous excluez les pauvres de vos priviléges, que ce n'est point là le bien, car c'est le mal ; et vous devez comprendre que vos actes mentent à vos principes.

Mais, puisque vous faites le mal sans vous en douter, en croyant faire le bien, c'est donc que vous avez autour de vous, pour vous jeter de leur poudre aux yeux, des esprits de malice, et, au-dessus de vous, meneur mystérieux, le prince des ténèbres en personne...

Croyez-vous au diable?...

Pas guère... Vous croyez en Dieu! Or, Dieu lui-même vous dit que le diable, ce menteur, père du mensonge et de l'homicide, fait souvent des hommes, à leur insu, des menteurs et des homicides (1).

L'HOMME D'ÉTAT, *choqué*. — Ah! ça, mon garçon, vous le prenez sur un ton!...

L'HOMME DU PEUPLE. — Je le prends comme il faut. Prouvez que j'ai mal parlé.

Menteurs, ai-je dit, à votre insu, si vous persévériez à conserver

____

(1) S. Jean, VIII, 34-56.

le cautionnement et le timbre : car alors votre loi, promettant la liberté au peuple universel, ne la donnerait qu'au petit nombre des élus de Plutus ; elle serait une insulte à l'égalité. Ce ne serait donc pour vous, grands innocents, qu'une illusion ; pour nous, petits innocents, qu'un leurre ; pour tous, qu'une duperie de Satan.

Homicides, ai-je dit : car l'homme ne vit pas seulement de pain ; or, tandis que vous permettriez à Mammon, l'empoisonneur, de débiter ses denrées littéraires frelatées, vous interdiriez à Dieu l'écoulement de son Verbe sauveur.

L'HOMME D'ÉTAT, *ahuri*. — Quel écoulement ?...

L'HOMME DU PEUPLE. — Français, vous vous dites chrétiens, très-chrétiens, fils aînés de l'Église, fils dévots, soldats de Dieu ! et vous ne faites bruit, depuis des siècles, que de vos chefs-d'œuvre divins....

L'HOMME D'ÉTAT, *avec un élan de fierté, la main sur le* Moniteur. C'est acquis à l'histoire ! et le Sénat unanime vient de s'associer à un illustre maréchal de France pour revendiquer les titres de nos pères, coopérateurs de Dieu : *Gesta Dei per Francos!*

L'HOMME DU PEUPLE. — Eh bien ! hommes d'État français, considérez vos faits et gestes au bout de votre héroïque carrière :

Le Vicaire de Jésus-Christ parle-t-il? vous vous attribuez le droit de lui fermer la bouche.

Le pauvre, l'ami de Jésus, veut-il parler? vous ne lui laissez pas ouvrir la bouche.

Si Jésus de Nazareth était là, vous auriez la main sur ses lèvres fermées.

L'HOMME D'ÉTAT, *découragé*. — Mais quel diable d'homme ma sœur m'a-t-elle expédié... de l'autre monde ?...

L'HOMME DU PEUPLE. — Je vous demande, là, en conscience, si Jésus, sous les fourches de vos grands principes, prêcherait, trois ans, comme il a pu faire entre Hérode et Pilate ?... Vous ne doutez pas : non !

L'HOMME D'ÉTAT. — Eh bien donc! si le préfet de César avait eu notre système, Jésus n'aurait pas été crucifié, trois jours dans le tombeau, avec la nécessité de ressusciter....

L'HOMME DU PEUPLE. — Non ; mais la parole de Dieu n'aurait pu se faire entendre, en liberté, trois jours....

Le Fils de l'Homme n'aurait pu jouir du droit naturel de conférer avec ses apôtres.

L'HOMME D'ÉTAT. — Pardon! ils n'étaient avec lui que douze.

L'HOMME DU PEUPLE. — Autant de femmes : vingt-cinq. Hors la loi !

L'HOMME D'ÉTAT. — Les femmes, puh! ça ne compte pas en politique.

L'HOMME DU PEUPLE. — Le Christ avait soixante et douze disciples, jouissant, sous Tibère, du droit de réunion.

L'HOMME D'ÉTAT. — Mais il en jouirait, à dater d'aujourd'hui, sous le couronnement de notre édifice....

L'HOMME DU PEUPLE. — Pas en plein air !

L'HOMME D'ÉTAT. — En chambre; librement, sans autorisation.

L'HOMME DU PEUPLE. — Sous la surveillance de votre police.

L'HOMME D'ÉTAT. — Sans trouble; car lui, le fondateur de l'Église, bon prêtre, ne se mêlait pas de contrarier l'État.

L'HOMME DU PEUPLE. — Le *non possumus,* c'est la résistance du Verbe qu'on étouffe.

L'HOMME D'ÉTAT. — Une idée de saint Pierre ! Mais Jésus ne parlait pas politique.

L'HOMME DU PEUPLE. — Politique de César, non; politique de Dieu, si.

Il disait : Les rois des nations les dominent; qu'il n'en soit point ainsi de vous... Le Fils de Dieu seul vous donnera la liberté vraie.

Il appelait Hérode : Ce renard !

Il répondait à qui lui offrait les empires de ce monde : *Vade Satana !* Il est écrit : Tu adoreras le Seigneur Dieu, et tu le serviras lui seul (1) !

Le Sauveur parlait d'économie sociale.

L'HOMME D'ÉTAT. — En voilà une bonne ! pourquoi pas de Socialisme !

L'HOMME DU PEUPLE. — Cherchez, et vous trouverez. Cela est si vrai, que ses disciples, dans l'Église primitive, réalisèrent aussitôt l'unité intégrale, tout ce qu'il y a d'essentiel et de bon dans le rêve de l'*École sociétaire* (2).

D'ailleurs, vous admettez bien que le Fils de Dieu parlait de religion : donc le Cénacle tombe sous le coup de votre loi.....

---

(1) S. Luc, XIII, 32; XXII, 25. S. Matthieu, IV, 10. S. Jean, VIII, 32, 36.
(2) Actes II et IV.

Écoutez bien, mon frère :

Vous êtes ministre de Dieu pour le bien (1).

Or, l'Évangile, est-ce le bien?

Tout le monde dit oui : le démocrate Rousseau, l'aristocrate Voltaire, l'autocrate Napoléon Ier ; Renan lui-même, en sa *Vie de Jésus*, n'y contredit point ; et le chœur entier de vos poëtes, concertant avec vos génies les plus populaires : George Sand, Lamartine, Victor Hugo, les Dumas, tous acclament, chantent, glorifient « les principes évangéliques » ; le suffrage universel enfin, incontestablement, accorderait la parole à Jésus-Christ :

Eh bien ! sous le joug de votre loi de liberté, aucun *pauvre de Jésus* ne peut, moi qui vous parle je ne puis, sous la forme du journal, imprimer l'Évangile, c'est-à-dire publier le Bien...

Telle est la garantie que donne à l'ordre social votre sagesse !

L'HOMME D'ÉTAT. — C'est absurde !

L'HOMME DU PEUPLE. — C'est votre loi, en vérité! car, dans l'Évangile, il est question de politique, d'économie sociale et de religion.....

Regardez bien, mon frère :

Voici que le royaume de Dieu, se présentant lui-même, en personne, pour habiter au dedans de vous, vous êtes, de par votre loi, condamnés à l'obliger, lui, le Ciel, de passer, pour arriver à votre cœur, par le conduit du ventre !...

Le privilége de publier sa pensée, fut-elle empestée, est assuré au premier coquin qui a 100,000 francs dans sa poche : il est rigoureusement fermé au Fils de l'Homme évangélisant la pensée de Dieu.

L'HOMME D'ÉTAT *ouvre la bouche, mais rien ne vient.*

L'HOMME DU PEUPLE. — Comprenez-bien, mon frère :

Sous le flambeau superbe de la Révolution et de l'Empire; sous une Constitution qui a la prétention d'avoir restauré l'homme dans tous ses droits naturels; sous un Gouvernement qui a la conviction, avec la bonne intention, d'avoir réalisé l'égalité civile et politique; sous un Prince de bonne volonté qui croit, le plus sincèrement du monde, avoir mis au fronton de son édifice égalitaire la couronne de la liberté, il est certain que la liberté se trouve absolument refusée à la Vérité.

____

(1) Rom., XIII, 4.

L'HOMME D'ÉTAT. — Comment, la vérité! quoi? qu'est-ce?

L'HOMME DU PEUPLE. — Moi, qui vous parle!

L'HOMME D'ÉTAT. — Qu'est-ce que vous me chantez-là?...

L'HOMME DU PEUPLE. — Riches de la Réforme et de la Révolution, à votre banquet du libre examen, à votre festin de la libre pensée, vous ne me voulez pas, moi votre frère, le pauvre, moi votre frère, le Fils de Dieu!

L'HOMME D'ÉTAT, *exaspéré*. — Hein!..... Ah! ça! vous me tombez des nues, là, avec votre air tranquille et vos phrases d'apocalypse..... D'où diable nous vient-il?.....

L'HOMME DU PEUPLE. — Du ciel.

L'HOMME D'ÉTAT, *gaîment*. — Du ciel? comme la Colombe roucoulante : tourrourou.....

L'HOMME DU PEUPLE. — Comme l'éclair!..... Du ciel, pour crier à la terre, où règnent servitude, privilége, iniquité :

Malheur! malheur! malheur?

L'HOMME D'ÉTAT, *frappé d'un trait de lumière, saisissant un crayon, à part, en soi-même*. — Hé!..... prophète de malheur! finalement, un énergumène dangereux!.... Je voudrais bien avoir son nom.....

L'HOMME DU PEUPLE. — Jésus, fils de Marie.

L'HOMME D'ÉTAT, *ébaubi*. — Ah! mon Dieu!

L'HOMME DU PEUPLE. — Vous dites bien!

L'HOMME D'ÉTAT. — On vous appelle?....,

L'HOMME DU PEUPLE. — Le Verbe de Dieu.

L'HOMME D'ÉTAT, *défronçant ses sourcils et laissant tomber son crayon*. — Ah! fort bien!... (*A part*.) Le troisième que j'ai l'honneur de recevoir dans mon bureau. Ça fait tout juste la Trinité....

Une variété de maniaque... Incalculable ce que le soleil du dixneuvième siècle produit de lunatiques! (*Il sonne et se lève*.)

(*Souriant*). Ma sœur Madeleine est une bonne dupe... Et moimême, suis-je assez bête!...

L'HOMME DU PEUPLE, *implorant*.

> *Veni sancte spiritus,*
> *Et emitte, cœlitus,*
> *Lucis tuæ radium.*
> *Veni pater pauperum!*

L'HOMME D'ÉTAT, *levant les épaules*. — Avoir eu la bonhomie de perdre, là, deux heures à la conversation d'un insensé!...

(*Regardant l'homme du peuple, qui achève intérieurement son invocation.*)

Plus malheureux que coupable!... (*Haut, au garçon de bureau, qui entre.*) Jacques, reconduisez Monsieur...

L'HOMME DU PEUPLE, *de sa voix miséricordieuse.* — Adieu, pauvre riche, mon frère, à Dieu !

L'HOMME D'ÉTAT, *se pinçant la lèvre.* — Adieu, adieu. (*Bas, au garçon de bureau.*) Offrez-lui quelque monnaie,... et recommandez-le à l'officier de paix du coin.

L'HOMME DU PEUPLE, *étendant sa main bénissante* — La paix de Dieu soit avec vous !

L'HOMME D'ÉTAT, *avec intérêt.* — C'est un innocent !

UNE PAUVRE FEMME DE LA CAMPAGNE, *forçant la porte, éplorée.* — Monsieur ! mon bon Monsieur !

L'HOMME D'ÉTAT. — Encore !... Que voulez-vous, bonne femme ?

LA PAUVRE FEMME. — Mon enfant ! mon enfant, qu'on m'a pris pour le service ! Il a tiré un mauvais numéro.

L'HOMME D'ÉTAT. — C'est le sort. Mon fils aussi est mal tombé. Égalité ! Fraternité !

LA PAUVRE FEMME. — Ah ! mon bon Monsieur, vous l'avez racheté, vous !

L'HOMME D'ÉTAT. — Aucune loi ne vous refuse cette liberté... (*Regardant à sa montre.*) Cinq heures ? et moi qui dîne en ville... Au diable les importuns ! (*Il prend son chapeau et sort rapidement.*)

LA PAUVRE FEMME. — Mon enfant ! mon enfant !

L'HOMME DU PEUPLE. — Patience, ma sœur ! Voici que je viens bientôt faire toutes choses nouvelles ! (*Il disparaît.*)

LA PAUVRE FEMME, *tombant à genoux.* — Mon Seigneur et mon Dieu !... Venez, Seigneur Jésus, venez ! (1).

(1) *Apocalypse,* XXI, 5 ; XXII, 20. Note B.

FIN.

CONCLUSION

L'auteur de cette petite comédie croit qu'il n'y aura bientôt, sur le théâtre du monde, que trois systèmes en présence : l'hypothèse libérale, la thèse romaine, et l'hyper-thèse évangélique.

HYPOTHÈSE

Liberté confuse de la parole humaine, sans aucun impôt ni cautionnement qui puisse contrarier l'égalité naturelle, et empêcher les pauvres de poursuivre l'idéal de la fraternité universelle.

Liberté absolue de réunion et d'association, même pour les cléricaux :

> Qu'on puisse aller même à la messe,
> Ainsi le veut la liberté.

Le tout sous l'égide de lois pénales sévissant fermement contre tout excès susceptible de troubler la tranquillité publique.

C'est, à peu près, le système que M. Émile Olivier a l'honneur d'avoir opposé au projet du Gouvernement.

THÈSE

Liberté de la parole et liberté de la presse, en principe, sans impôt ni cautionnement; sous la surveillance, au besoin préventive, d'une autorité paternelle et sacrée.

Liberté de réunion et d'association, pour s'entretenir principalement de la religion chrétienne, et, grâce aux principes évangéliques, réaliser par l'amour et la science le royaume de Dieu sur la terre comme au ciel.

Aucune liberté de droit pour le mal; mais large tolérance pour toutes les idées et les œuvres des indépendants.

Le tout sous la protection maternelle de l'Église, le plus doux des gouvernements qui aient existé sur la terre, selon le témoignage de M. Duruy.

—

HYPER-THÈSE

Liberté pour tout le monde, excepté pour l'Église.

Liberté même pour le mal, mais non pour le bien.

Saint Pierre ès-liens, orné du manteau de pourpre et du sceptre dérisoires, poussé sur le chemin de la croix et jusqu'à la croix.

Pour nous, chrétiens, une seule liberté, celle de suivre notre mère la sainte Église jusqu'au Calvaire.

A nous, la liberté de prier pour ceux qui nous asservissent au nom de la liberté ; qui nous font esclaves de leurs constitutions, lois et règlements organiques, au nom de l'égalité ; qui nous traitent en parias, au nom de la fraternité.

A nous, la foi, l'espérance et la charité !

A nous, l'honneur de vaincre l'esprit de mort au nom du Principe de la Vie.

A nous, la joie de convertir les persécuteurs de l'Église, au nom de Jésus crucifié.

C'est ainsi que les enfants de Marie entreront dans la gloire du royaume de Dieu et dans la possession de la terre renouvellée par l'Esprit de sainteté.

Ità in Gloriam (1) !

DÉSIRÉ LAVERDANT.

(1) S. Luc, XXIV, 25, 27; S. Jean, XV, 20.

NOTES

A

Ces paroles, page 27, sont extraites de la conversation qu'eurent, en 1846, deux pauvres petits enfants du peuple avec une *Belle Dame,* messagère céleste.

Les Anges de Dieu n'ont pas, comme nos hommes d'État césariens, le superbe dédain des femmes et des enfants ; et, quand ils veulent publier les paroles du salut social, c'est aux pauvres d'abord, comme a fait le Sauveur, qu'ils confient l'œuvre de la propagande. Les cieux consolateurs se révèlent de préférence aux petits, bien que les petits n'aient pas un capital honorable.

C'est pourquoi la Mère du Sauveur a choisi deux bergers, fille et garçon, pour faire passer à tout son peuple ce double et simple avertissement :

« NE BLASPHÉMEZ PLUS.

« ADOREZ LE SEIGNEUR VOTRE DIEU.

« Si vous persistez à publier vos outrages à la divinité du Christ, vos insultes à la religion catholique, vous verrez de plus en plus la nature entière se corrompre sous votre souffle impie ;

« Si, au contraire, vous vous reprenez à rendre à Dieu le culte qui lui est dû ; si vous employez au moins le jour que le Seigneur s'est réservé, à lui demander l'envoi de son Esprit de sainteté, vous verrez toutes les âmes renaître à la vie divine, et la face de la terre renouvelée se couvrir d'abondance, de charmes et de joie. »

Telle est, dans son essence, la leçon qui nous est venue du ciel sur la montagne de *la Salette.*

Les hommes d'État, qui font les savantes lois que vous savez, ne descendraient pas à fixer leurs yeux d'aigles sur ces pieuses folies, et je sais tel libéral qui se gausse de nos *superstitions catholiques,* tout en acceptant le cautionnement comme parole d'Évangile social...

A ces esprits forts, j'avouerai, en toute simplicité, que je dois au sanctuaire de la Salette ma conversion ; qu'à cette source j'ai reçu l'eau rejaillissante à la vie éternelle, et que, là, mon âme, longtemps prodigue, s'est toute entière retournée vers le Christ, de qui nous apprenons à respecter, à aimer religieusement les femmes, les enfants et les pauvres.

Je suis donc richement payé par le don de la foi pour préférer les miracles de l'Église et leur folie aux lois fiscales du Monde et à leur sagesse.

Au diable Mammon et compagnie !

Vive Dieu ! et vive la Mère de Dieu !

B

C'est une pauvre femme de la campagne qui m'a envoyé à la Sainte Montagne de la Salette et au Saint d'Ars ; c'est tout particulièrement une servante (avec d'autres humbles et douces saintes femmes) qui m'a ramené au Bercail, à nos Pasteurs légitimes, à la Vierge Mère et à Jésus-Christ.

Je profite de l'occasion pour faire passer aux âmes de bonne volonté des paroles prophétiques recueillies, au mois de mai dernier, sur les lèvres de ma mère Madeleine, *pauvresse de Jésus*, que je crois inspirée de l'Esprit d'amour et de consolation.

PROPHÉTIE DE MADELEINE.

« Écoutez, mes enfants, ce que Marie notre Mère me charge de vous annoncer.

« Voici la fin des temps :

« Voici la fin du mal et le commencement du bien.

« Ce n'est pas un événement ordinaire ; c'est une grande époque qui va s'ouvrir, la troisième : après le Père, qui nous a créés pour le connaître, l'aimer et le servir, après le Fils qui nous a sauvés, voici que le Père et le Fils, pour nous consoler, nous envoient leur Esprit, avec son Épouse Marie !

« C'est un grand miracle L'Apparition de la *Belle Dame* à la Salette et de l'*Immaculée Conception* à Lourdes, étaient pour nous préparer à la mission de Marie.

« Marie vient du ciel. Elle vient avec une légion d'Anges.

« Il faut que les élus de la terre se lèvent par électricité spirituelle, pour aller au devant des envoyés de Dieu.

« Voici l'armée du Seigneur : beaucoup de Saintes Femmes, peu de Saints Jean !

« Et voici l'armure de Dieu : ni fusils, ni bâtons, ni verroux, ni chiens de basse cour !

« Aucune force matérielle, aucun secours humain ! Autres temps, autres vérités !

« Je vous ai annoncé, il y a vingt-trois ans, les sept crises, les sept plaies de Marie qui doivent précéder son triomphe et notre guérison :

> « Intempéries, inondations,
> « Maladies sur les plantes,
> « Pestes sur les animaux et sur les hommes,
> « Révolutions,
> « Guerres,
> « Banqueroute générale,
> « Confusion.

« Voici la 6ᵉ plaie ouverte, la crise du commerce, la ruine des financiers !

« 89 n'a renversé que la France : ce qui vient va être le renversement du monde.

« La 7ᵉ crise aboutira à l'enfantement.

« Le monde croira tout perdu, anéanti !... Dieu suscite quelques prêtres, les religieuses, des femmes, avec les enfants !

« Trouble immense sur la mer agitée du monde ; guerre universelle !

« Tout ce qui n'est pas dans la Barque s'engloutit.

« La Barque fait ça et ça : (Madeleine indique avec sa main le mouvement d'une embarcation dans la tourmente). Pierre, aie confiance !... L'arche sort de la tempête, et la tranquillité se fait.

« Pie IX est le dernier Pape de l'Église militante opprimée. Après lui, *Lumen in cælo* : c'est l'œil de Marie ! Dans cette lumière, l'Église combat encore, mais pour la victoire.

« Dans l'Église même, on croira tout perdu... Marie arrive ! et voici la confusion, même parmi les prêtres.

« Cependant, c'est aux prêtres catholiques qu'on devra aller demander absolution et bénédiction.

« Marie a la toute puissance ; mais elle ne peut pas nous absoudre. C'est la fonction du prêtre. »

(Quelqu'un ayant objecté à Madeleine qu'elle avait dit : « Pie IX est le dernier Pape », elle reprend :)

« Pie IX est le dernier Pape d'une époque. Comment voulez-vous que l'Esprit-Saint ne poursuive pas son œuvre dans ses apôtres ? Et croyez-vous que Marie, qui vient, s'en va détruire l'œuvre de son Fils ?

« Le Pape tient la place de Dieu sur la terre. Dans chaque diocèse, l'Évêque ; dans chaque paroisse, le Curé : voilà le représentant de Jésus-Christ, comme la bonne Mère religieuse est l'image de Marie.

« Allez à vos Pasteurs : c'est Dieu qui les a posés.

« Mais malheur, malheur aux mercenaires qui s'en vont du côté du siècle !

« Beaucoup de premiers passeront derniers.

« Les pauvres, les enfants, les femmes arrivent les premiers ;

« Puis viennent les moyennes gens ;

« A la queue, les riches en carrosse. Leurs cochers entreront avant eux dans le Royaume....

« Mais tous les gens de bonne volonté entreront : tout est possible en Dieu.

« Marie vient ! Elle vient à chacun ; et à chacun Elle ouvre le livre de sa conscience.

(Madeleine donne à ses deux mains la forme d'un livre.)

« Le livre n'est pas ainsi, tourné vers le monde, découvert aux yeux de tous : cela est réservé pour le Jugement dernier ; mais ainsi :

(Madeleine entr'ouvre ses mains vers son visage.)

« Dieu ménage cette première ouverture de la conscience à chaque âme, par les soins de Marie, tendre Mère ! Ce sera un examen mystérieux, sans blessure d'amour-propre, entre la Mère et ses enfants. C'est le confessional de Marie...

« Mais quelle confusion ! quelle horreur de soi ! quels remords ! quelle douleur, lorsque chacun, en présence de la pureté éclatante de Marie, verra dans son miroir sa propre noirceur !

« Et que de larmes de la pénitence pour tout laver !

« Ce pauvre Satan ! Il croit avoir tout lié contre Dieu : il n'a point lié Marie. Elle va l'attraper, et lui écraser la tête sous son talon.

« Marie (ô mystère !) Marie vient au devant de l'Enfant prodigue ; l'Enfant prodigue, c'est nous tous, toute l'humanité, et Elle dit :

« Viens, je t'aime ! Sans toi, sans ton heureuse faute, les siècles m'auraient-ils appelée bienheureuse ? Je te dois ma gloire, pauvre enfant : reçois de moi le salut !

« Alors Satan, honteux et confus, et que Marie tiendra doucement écrasé sous le pied de son humilité, Satan lui-même sera attendri, et il lèvera des yeux suppliants vers la Mère de la Miséricorde.

« Ce qui arrivera de cela, je ne sais, et il ne m'est pas donné de le dire.

« Personne ne connaît les vues de la Providence sur nous. Si Saint Augustin n'avait pas été un grand pécheur, eût-il été une aussi grande lumière pour l'Église ?

« Ce qui fait la gloire de Dieu, c'est de pardonner. Nous comprendrons cela bientôt... Demandez à l'Enfant prodigue ! Vous croyez que l'Enfant prodigue va être damné, parce qu'il ne se lève pas pour aller vers son Père et lui demander pardon ? Oui ; mais Marie le fera bien lever : une mère !....

« La voici venir, notre Mère ! L'Église prépare tout pour la venue glorieuse de Marie.

« C'est Elle-même, en personne ! Mais Elle a ses précurseurs : de saintes femmes apôtres, qui guériront les plaies du corps avec les péchés du cœur enlevés.

« Et puis vient Marie, pour faire faire place à son Fils dans son Église triomphante.

« Voici l'Immaculée Conception du règne de Dieu, qui précède l'Avénement glorieux de Jésus-Christ.

« C'est la maison de Dieu sur la terre, qui va se purifier et se parer pour recevoir l'Emmanuel.

« Jésus-Christ ne peut point venir dans cette baraque du monde !...

« Il faut que Dieu envoie son Esprit et qu'il renouvelle la face de la terre par une autre création, pour en faire une demeure digne de l'Homme-Dieu.

« Voici, après le feu d'en bas pour tout brûler et remuer, voici le feu d'En-Haut, l'amour, pour tout embraser et transfigurer !

« Je vois la terre planifiée : ses abîmes s'élèvent, ses montagnes s'abaissent ; il n'y a plus que douces collines et belles vallées.

« Je vois de grandes maisons avec un entourage de maisonnettes ; le tout lié par des galeries, comme dans les cloîtres, de manière à ce que tous les frères s'entre-visitent à leur aise.

« Depuis que je suis comme je suis, je ne vois devant nous qu'union, association, communauté.

« Tout le monde s'entr'aime et tout le monde s'entr'aide : on est heureux.

« Il n'y a presque plus de grosses cultures ; il n'y a que cultures délicates, jardins, beaux fruits, fleurs partout.

« Avec Marie, toute la nature est un parterre, et tout est bonne odeur.

« Tout sert à la gloire de Marie en Dieu (1). »

(1) Le développement de cette prophétie a été publié dans le *Mémorial catholique* depuis le mois de juin 1867 ; le mot sur Satan expliqué, en septembre 1866 et en mai 1867, par M. l'abbé Lucidi.

Paris. — Imprimerie BALITOUT, QUESTROY et Cᵉ, 7, rues Baillif et de Valois, 18.